KB111795

프로방스에서 죽다 ①

마티스, 피카소, 샤갈 편

프로방스에서 죽다 ①

마티스, 피카소, 사갈 편

글 조용준

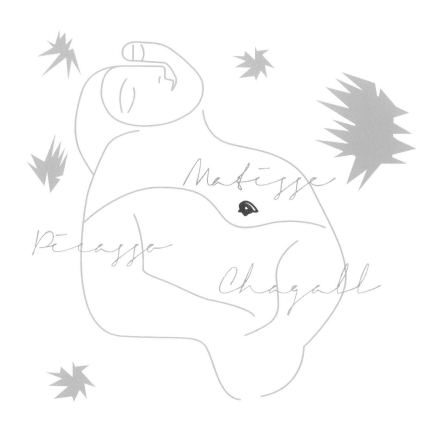

CONTENTS

CHAPTER 1

HEINRI ÉMILE-BENOIT MATISSE
앙리 마티스

코트다쥐르 방돌(Bandol)의
요트 선착장

그들은
왜 프로방스를 찾아왔나

〜〜〜〜〜〜〜〜〜〜〜〜〜〜〜〜〜〜〜〜〜〜〜

"뜨거운 태양은 빛나며, 내 침실의 창문은 활짝 열려져 있다. 그리고 나의 영혼도 함께 열렸다."

안톤 파블로비치 체호프Anton Pavlovich Chekhov, 1860~1904가 프랑스 니스Nice에 왔을 때 남긴 말이다. 그렇다. 겨우 마흔네 살의 나이에 사망한 의사이며 소설가, 극작가인 바로 그다. 체호프는 결핵을 심하게 앓았는데, 추운 러시아에서는 이 병이 더 악화될 뿐이어서 요양을 위해 1891년과 1897년에 니스에 왔다. 그가 1891년 니스에서 머문 곳은 '보 리바쥬Beau-Rivage 호텔'이었다. 이 호텔은 체호프와 또 한 명의 유명인이 머물렀던 것으로 유명하다. 그의 이름은 앙리 마티스Heinri Émile-Benoit Matisse, 1869~1954. 그래서 이 호텔 입구에는 두 유명인이 머물렀다고 하는 기념판이 지금도 여전히 붙어 있다.

니스 해안 프롬나드 장글레(영국인의 산책로)가 시작되는 곳에 위치한 '보 리바쥬' 호텔

마티스는 1916년 니스에 오는 것으로 그의 새로운 인생의 막이 오르게 된다. 그의 남은 생애를 장식하게 될 부드럽고 완숙한 햇볕광선을 발견하게 된 것 이다. 그는 나중에 미술평론가이자 프랑스 박물관장이었던 조르주 살레스 Georges Salles, 1889~1966에게 이렇게 말했다.

> "아침마다 새로운 니스의 광선을 발견합니다. 나는 나의 행운을 도저 히 믿을 수 없습니다."

체호프와 마찬가지로 마티스 역시 리비에라 해안의 가득한 햇빛에 대해 찬 미한 것이다. 마티스는 결국 니스에 새로운 집을 구하고, 자신의 마지막 생애 를 이곳에서 보냈다.

샤갈이 묻혀 있는 갤러리 마을, 생폴 드 방스 가장자리의 설치미술과 전경

샤갈Marc Chagall, 1887~1985은 1947년 미국에서 프랑스로 돌아온 이후 유럽과 프랑스의 이곳저곳을 다니면서 살 곳을 물색하다가 최종적으로 생폴 드 방스Saint Paul de-Vence를 그의 마지막 안식처로 정했다. 니스에서 고작 30km 떨어진 곳이다. 이곳에 있는 그의 무덤은 많은 사람들로 하여금 방스를 찾게 만드는 매력적인 요인이 되고 있다.

피카소Pablo Ruiz Picasso, 1881~1973도 샤갈처럼 프로방스를 마지막 정착지로 삼았다. 한 여인에 정착하지 못하고 평생 많은 여인들 사이에서 이리저리 돌아다녔던 피카소는 무쟁Mougins에서 그의 마지막 여인 자클린 로크Jacqueline

Roque, 1927~1986를 만나 마지막 창작의 불꽃을 태우고 그녀의 품에서 숨을 거두었다. 무쟁 역시 니스에서 31km 거리다.

이처럼 니스는 1940년대부터 '예술의 본고장'다운 풍모를 풍기기 시작했다. 거의 비슷한 시기에 리비에라 해안으로 모여들어 니스를 중심으로 그 주변에 모여 살던 마티스, 샤갈, 피카소 3인의 거장들은 서로 영향을 주고받으며 강한 라이벌 의식으로 자신만의 독특한 작품 세계를 승화시켜 나갔다. 샤갈의 생폴 드 방스나 피카소의 무쟁은 모두 니스에서 자동차로 30~40분이면 닿을 수 있다. 니스, 아니 프로방스가 이들의 거대한 아틀리에였던 셈이다.

어디 이들 화가들뿐이랴. 윈스턴 처칠Winston Churchill, 1874~1965은 프로방스에 정기적으로 왔고, 코코 샤넬Coco Chanel, 1883~1971의 별장에 머물며 자서전을 쓰곤 했다.

니체Friedrich Nietzsche, 1844~1900는 1883년부터 1888년까지 6년 연속으로 겨울마다 니스를 찾았다. 그의 대표작인 『차라투스트라는 이렇게 말했다Also sprach Zarathustra』는 니스 여행이 아니었으면 나오지 못했을 저술이었다. 아름답고 유창하지만 난해하지 않은 언어 구사, 다양한 등장인물과 흥미로운 이야기 전개, 거침없는 독설과 애절한 사랑의 노래, 극적 전환 등으로 독자들을 사로잡은 이 철학서에서 가장 중요한 대목은 생장카프페라Saint-Jean-Cap-Ferrat에서 아름다운 무어인 고성古城 에제Éze에 이르는 이르는 길의 산책과 명상에서 잉태되었다.

전체 네 단원으로 구성된 『차라투스트라는 이렇게 말했다』의 3부와 4부가, 그리고 '권력에의 의지Will for power'를 정의한 『선과 악을 넘어서Beyond the good and the evil』가 니스에서 쓰였다.

코트다쥐르Côte d'Azur● 해안을 벗어나 내륙 안쪽의 뤼베롱Luberon 산악 지역
으로 들어서면 카뮈Albert Camus, 1913~1960와 사무엘 베케트Samuel Barclay Beckett,
1906~1989의 자취가 우리를 기다린다.

루르마랭Lourmarin에 있는 카뮈의 묘지는 오늘날 우리에게 "작가는 오늘날
역사를 만드는 자들 편에 서면 안 되고 그것을 견뎌내야 하는 자들 편에 서
야 한다"는 1957년 노벨문학상 수상 소감을 일깨워준다. 역시 1967년에 노
벨문학상을 받은 사무엘 베케트의 부조리극『고도를 기다리며En Attendent
Godot』는 루시용Roussillon이라고 하는 마을의 특수한 지형을 알아야만 비로
소 온전히 이해된다. 이에 대한 상식도 없는 상황에서 이 땅에서 수없이 공연
되었던 그의 연극은 얼마나 허망한 몸짓이었던지.

프로방스를 사랑하고 이곳에서 활동한 예술인들은 너무 많아서 일일이 다
예를 들지 못할 정도다. 르누아르Pierre-Auguste Renoir, 1841~1919와 장 콕토Jean
Cocteau, 1889~1963, 엑상프로방스Ax-en-Provence의 세잔Paul Cézanne, 1839~1906 그리
고 아를Arles의 고흐Vincent van Gogh, 1853~1890는 사실 강조할 필요도 없이 가장
앞에 내세워야 하는 인물들이다.

고흐를 생각하면 누구나 해바라기를 연상하지만, 왜 고흐의 그림에 라벤더
가 등장하지 않는지는 아무도 생각하지 않는다. 왜 그랬을까? 왜 고흐는 라
벤더를 그리지 않았을까?『프로방스에서 죽다』시리즈를 다 읽으면 자연스
레 궁금증이 풀리겠지만, 그 전에 잠시나마 그 이유를 유추해보면 어떨까.

이렇게 고색창연한 인물들만 프로방스를 찾았을까? 당연히 아니다. 비록 지

● 툴롱(Toulon)에서 이탈리아 국경과 가까운 마을인 망통(Menton)까지 이어지는 기다란
해안 지역

니체가 『차라투스트라는 이렇게 말했다』의 문장을 생각하며 걸었을 생장카프페라의 전경

금은 헤어졌지만 브래드 피트와 안젤리나 졸리가 세상에서 가장 좋은 금슬을 자랑하는 부부였을 때 그들은 프로방스에 거대한 장원 별장을 마련했다. 피트와 졸리 커플과 달리 여전히 애정을 과시하는 데이비드 베컴과 빅토리아 커플은 칸Cannes에서 30여 분 거리의 바르제몽Bargemon이란 중세마을에 값비싼 별장을 갖고 있다. 로드 슈튜어트는 모델 출신 부인과 함께 생폴 드 방스에서 여전히 여름과 주말을 즐기고 있고, 엘튼 존, 톰 하디, 조니 뎁 역시 여름철이 되면 프로방스 별장을 찾는다.

프로방스는 무엇인가? 프로방스의 무엇이 많은 예술가들을 불렀고, 지금도 수많은 유명인들로 하여금 찾게 만드는 것일까? 그런 프로방스의 비밀과 매력을 지금부터 하나하나 들쳐보도록 하자.

니스는 어떻게 부호들의
휴양지가 되었나

니스로 몰려간 영국인들

일부 부유한 영국인들이 그들의 혹독한 겨울을 피해 따뜻하고 온화한 니스로 오기 시작한 것은 18세기 중반 무렵부터였다. 그 전만 해도 코트다쥐르는 그야말로 머나먼 변방의 미개척지였다. 니스 해변은 완전히 자연 상태 그대

니스의 럭셔리
호텔 전용 비치에 놓인
일광욕 의자들

로 방치돼 있었고 주택들도 없었다. 그러나 영국 상류사회에서는 점차 코트 다쥐르를 건강에 좋은 리조트 지역으로 생각하기 시작했다.

이 지역이 휴양지로 좋다고 영국 귀족계급에 처음 전한 사람은 스코틀랜드 출신의 소설가 토비아스 스몰렛Tobias Smollett, 1721~1771●이었다. 그는 니스가 아직 사르데냐Sardinia 왕국●●의 영토이던 1763년 처음 니스를 방문했다. 니스 특유의 따뜻한 겨울철 기후에 매료된 그는 1766년 여행기 『프랑스와 이태리 여행Travels through France and Italy』을 통해 이를 알렸다. 비슷한 시기에 역시 스코틀랜드 출신의 의사 존 브라운John Brown도 결핵과 같은 종류의 병을 거주지 기후의 변화로 치료하는 이른바 '기후 요법'이라는 처방으로 유명해지기 시작했다.

이처럼 니스가 영국 상류층의 휴양지와 결핵 요양소로 부상하자 당시 프랑스 역사학자 폴 고네Paul Gonnet은 "(니스가) 창백하고 멍한 영국 여인들과 죽음이 가까운 귀족 자제들의 식민지"라고 표현하기도 했다.

니스의 기후와 풍광에 반한 영국인들이 점점 더 많이 늘어나기 시작하면서 그들은 즐겨 찾는 해안의 불편한 길 대신 아예 산책로를 만들면 좋겠다는 생각을 하게 되었다. 마침 영국 출신의 부유한 성직자로, 파리 샹젤리제에 '마뵈프Marbœuf 교회'를 설립한 루이스 웨이Lewis Way, 1772~1840가 레바논에 가던 여정 중 니스에 잠시 머물렀는데, 이런 생각에 동조해 재정적 후원을 하면서 1822년 폭 2m 정도의 자갈길이 처음으로 생겨났다. 당시 이 도로의 이름

● 해양소설의 선구자. 해군 군의관으로 1741년 서인도제도 원정에 종군한 경험을 바탕으로 쓴 『로더릭 랜덤의 모험(1748)』으로 유명해졌다. 이탈리아에선 죽기 직전에 탈고한 『험프리 클링커의 원정(1771)』이 걸작으로 꼽힌다.

●● 이탈리아 통일(1871년) 이전 토리노(Torino)를 수도로 한 북이탈리아의 소왕국

황혼녘의 니스 해안

은 말 그대로 '영국인의 길path of English'이었다.

1834년 영국의 유명한 정치인 브로엄 남작Henry Peter Brougham, 1778~1868은 건 강이 좋지 않은 그녀의 누이와 함께 이탈리아로 가기 위해 남프랑스에 오게 되었다. 그러나 이탈리아에서 콜레라가 유행하면서 길이 막힌 그는 칸에서 멈추게 되었고, 좋은 기후와 풍광에 반한 나머지 땅을 사서 빌라를 지었다. 그러곤 해마다 겨울철이 되면 이곳으로 와서 머물렀다. 그러자 그의 명성을 좇는 영국의 상류층도 곧 그를 따라 하기 시작했다. 칸이 니스처럼 곧 영국 의 휴양지 도시가 되어간 것은 물론이다.

1833년 12월 프랑스 운송회사 CIWLCompagnie Internationale des Wagons-Lits은 영 국의 귀족과 상류층, 부유한 상공인 등을 겨냥해 프랑스 북서부의 항구도 시 칼레Calais에서 코트다쥐르까지 운행하는 최고급 럭셔리 열차 '푸른 열차 Le Train Bleu●'를 운행하기 시작했다. 출발지가 칼레인 것은 영국 도버에서 가 장 가까운 곳이었기 때문이다. 이 열차의 정식 명칭은 칼레-지중해 특급이었 지만, 침실이 딸린 일등칸의 색깔이 짙은 청색이었기 때문에 '푸른 열차'라는 애칭이 더 널리 사용되었다.

이 열차의 성수기는 당연히 영국의 겨울철, 11월부터 이듬해 4월까지였다. 열 차는 파리와 리옹Lyon을 거쳐 마르세이유Marseille와 칸, 니스, 모나코의 몬테 카를로Monte Carlo, 이탈리아로 넘어가기 직전의 망통을 지나 이탈리아 벤티 미글리아Ventimiglia까지 운행했다. 당시 수년에 걸쳐 이 열차의 일등칸을 즐겨

●　　　제2차 세계대전 발발 전인 1938년까지 운행되었다. 전쟁 후 다시 운행을 재개했지만, 1945년 파리와 니스 간 비행 노선이 생기면서 손님을 거의 빼앗기자 대중철도로 양식을 바꾸었 고, 이마저도 초고속 열차 테제베(Train à Grande Vitesse, TGV)에 밀려 2007년 12월 역사의 뒤 안길로 사라졌다.

니스에 가면 반드시 걷게 되는
'영국인의 산책로'

탄 승객 명단에는 수많은 귀족과 찰리 채플린Charlie Chaplin, 1889~1977, 윈스턴 처칠, 작가 서머셋 모옴William Somerset Maugham, 1874~1965 그리고 후일 에드워드 8세Edward Ⅷ, 1894~1972가 되는 왕세자 에드워드의 이름이 들어 있었다.

니스와 칸에 영국 VIP들의 발걸음이 계속 이어지면서 '영국인의 길'도 계속 보수와 개선 작업이 이루어졌다. 1931년 도로의 폭을 확 넓히고 종려나무를 심어 그야말로 산책로답게 만듦으로써 '프롬나드 장글레'라는 정식 이름이 붙도록 대대적인 공사를 한 사람은 다름 아닌 에드워드 8세였다.

빅토리아 여왕의 맏손자로 에드워드 7세의 후계자였으나, 사랑 때문에 왕위를 포기해 세기의 스캔들을 만든 바로 그다. 그에게 왕위를 이어받은 말더듬이 동생 조지 6세가 고생하면서 성장하는 이야기는 영화로도 만들어져 큰 성공을 거뒀다. 콜린 퍼스Colin Firth가 조지 6세 역할을 맡은 영화 『킹스 스피치The King's Speech』는 83회 아카데미 시상식에서 작품상을 비롯해 감독상, 각본상, 남우주연상 4개 부문을 휩쓸었다.

에드워드 8세의 왕위 자리가 위태롭던 1936년 미국인 월리스 심프슨Wallis Simpson, 1896~1986 부인은 칸의 빌라 루 뷔에Lou Vieie에 머무르면서 그와 매일 전화로 사랑을 나누었다. 1937년 퇴위 이후 윈저 공작Duke of Windsor이 된 에드워드와 심프슨 부인은 앙티브 근처의 빌라 라 크뢰La Croë에 신혼집을 차렸다. 이 부부는 제2차 세계대전 중에 잠시 프랑스를 떠나 스페인과 포르투갈에 머물기는 했지만, 전쟁이 끝나자 다시 프로방스로 돌아와 여생을 마쳤다. 그만큼 이 지방에 대한 에드워드 8세 부부의 사랑은 참 남다른 것이었다.

이제 비행기를 타지 않더라도 영국인들은 반나절 투자로 런던에서 니스에 도착할 수 있다. 런던에서 파리까지 유로스타로 2시간여, 파리에서 니스까지

니스처럼 해변에 산책로가
잘 만들어진 칸의 풍경

테제베로 5시간 반 정도면 충분하니 말이다. 그렇게 아침에 떠나도 오후에는 그림엽서 속의 관광객처럼 바닷가 카페에 앉아 크라상과 카페오레를 먹을 수 있다.

『프로방스에서의 일 년』으로 유명세를 얻은 영국인 광고 카피라이터 출신 피터 메일리Peter Mayle가 프로방스로 이주한 것도 따지고 보면 꽤 역사가 오래된 영국인 바캉스 풍습의 하나였다. 빅토리아 여왕을 필두로 유명인들이 모두 니스에 머무르길 즐겨했으니 말이다.

그런데 이들 모두에 앞서 이곳의 진정한 가치를 가장 먼저 알아보았던 사람은 벨기에 왕인 레오폴드 2세Leopold II, 1835~1909였다. 그는 1900년 무렵부터 이곳이 '지구상의 파라다이스'가 될 것으로 예견하고 니스 동쪽 생장카프페라와 빌프랑슈쉬르메르Villefranche-sur-Mer 초입의 땅을 사들여 대저택을 지었다.

사실 레오폴드 2세는 히틀러나 스탈린, 캄보디아의 폴 포트Pol Pot, 1928~1998에 버금가는 잔혹한 살인마였다. 유럽 국가들이 식민지 지배에 혈안이 돼 있던 시절, 그도 기독교 전파를 명분으로 내걸고 지금의 콩고를 점령하는 데 성공했다. 콩고는 고무와 수많은 광물이 있던 천연자원의 땅이었기에, 그는 이를 수탈하면서 원주민들을 잔인하게 탄압했다. 강제 노역은 기본이었고, 할당량을 못 채우면 노동자 자녀의 신체 일부분을 절단하는 천하에 몹쓸 짓을 저질렀다. 처음에는 손목, 두 번째는 발목, 세 번째는 팔을 자르는 식이었다.

레오폴드 2세는 이런 잔학상을 철저하게 비밀에 붙였지만 선교사들이 국제 사회에 이를 고발하고, 마크 트웨인 등 유명인들의 비판이 잇따르자 발 빠르게 콩고 식민 지배를 포기하고 은거에 들어간다. 그렇게 은거를 위해 지은 '피의 파라다이스'가 바로 니스 저택이다. 무려 8헥타르에 달하는 '빌라 레오폴다Villa Leopolda'는 여전히 그 자리에 있지만, 호화스럽고 웅장하기 짝이 없는 성채와 같은 대저택이 그렇게 피 묻은 돈으로 지어진 것인지 아는 사람은 별로 없다.

생장카프페라 지역은 주택 가격과 땅값이 뉴욕 5번가와 동급으로 비싼 곳이다. 비싼 순위로 따지면 항상 톱 3순위 안에 든다. 그래서 빌라 레오폴다도 현재 세계에서 가장 비싼 집 순위 3위에 올라 있다. 이 집의 소유자로는 빌 게이츠와 이탈리아 자동차 회사 피아트의 창업자 지오반니 아그넬리Giovanni Agnelli 손자인 지아니 아그넬리Gianni Agnelli가 있었고, 현재는 브라질 태생의 억만장자인 릴리 사프라Lily Safra, 1934~에게로 넘어가 있다. 그녀는 4번의 결혼을

생장카프페라 레오폴드 거리의
레오폴드 2세 흉상

통해 얻은 위자료와 상속으로 억만장자가 됐다. 2018년 「포브스」가 발표한 세계의 억만장자 리스트에서 릴리 사프라는 자산이 13억 달러로 1,756위를 차지했다.

지난 2008년 러시아 재벌 순위 1위로 Onexim그룹의 회장이자 플레이보이인 억만장자 미하일 프로호로프Mikhail Prokhorov가 이 집을 500만 유로에 구입하기 위해 계약을 했지만 경기 침체 여파로 2010년 이를 취소하는 바람에 계약금 40만 유로를 날렸다.

그러자 릴리 사프라는 거저 생긴 계약금 40만 유로 전부를 킹스칼리지런던 신경과학연구소를 비롯해 10개 자선단체에 기부했다. 릴리의 자선 활동은 마지막 남편과 자신 이름을 딴 '에드먼드와 사프라 재단Edmond J. Safra Foundation'을 통해 의학 연구 및 인도주의 구호 활동에 매우 광범위하게 이루어지고 있다. 2010년 파리의 '뇌 및 척수 부상 연구소'에 800만 유로, 2013년 '에드먼드와 릴리 사프라 아동병원'에 1,600만 달러, 빈곤층 아이들에게 초저가형 노트북 보급사업 '원 캠페인One Laptop Per Child Projet'에 500만 달러를 기부하는 등 매우 다양하다. 2009년에는 '엘튼 존 에이즈 재단Elton John AIDS Foundation'에 영원한 지원을 약속해 '영원한 비전An Enduring Vision 상'을 수상했다.

물론 재산이 주체 못할 정도로 많고 노년이라서 가능한 일이겠지만, 돈을 어떻게 써야 하는지 아는 멋있는 할머니다. 빌라 레오폴다를 소유하고 있는 까닭으로 레오폴드 2세가 지은 죗값을 릴리가 대신 갚고 있는 셈이라고나 할까. 빌라 레오폴다는 현재도 이 할머니 소유이고, 현재 가격이 750만 유로로 추정된다. 세계에서 네 번째로 비싼 집인 '빌라 레 세드레Villa Les Cèdres'도 역시 생장카프페라에 있다.

코트다쥐르의 전설, '그랜드 호텔 드 카프페라Grand Hotel de Cap Ferrat'가 생겨난 것도 1908년이었다. 이 호텔은 유럽에서 제일, 세계에서 두 번째로 훌륭한 서비스를 제공하며2006년「Trave+Leisure」, 수영장이 세계에서 세 번째로 좋고2008년「내셔널지오그래픽」, 세계에서 가장 좋은 곳2008년「포브스」이라는 평가를 받고, 세계 10대 호텔에서 빠지지 않는 명성을 획득하고 있다.

스탠다드룸 1박에 100만 원이 넘는 방값에 대해서는 더 이상 이야기하지 않겠다. 휴가철 니스 공항에 있는 수십 대 자가용 비행기 주인의 절반 이상은 이 호텔에 묵는다.

이 호텔에 묵었던 유명인은 너무 많아서 이름을 다 대기 힘들 정도다. 지난 2011년 3월에 79세의 나이로 사망한 세기의 연인 엘리자베스 테일러Elizabeth

1953년 푸들 애완견을 데리고
그랜드 호텔 드 카프페라를 찾은
엘리자베스 테일러

포 시즌(Four Season) 계열 호텔에 속한
'그랜드 호텔 드 카프페라'

빌프랑슈쉬르메르 지역은 세계에서
가장 비싼 주택지의 하나다.

Rosemond Taylor, 1932~2011도 두 번 결혼하고 두 번 헤어졌던 리차드 버튼Richard Burton, 1925~1984과 이 호텔에서 사랑을 불태웠다. 알랭 들롱Alain Delon, 1935~과 로미 슈나이더Romy chneider, 1938~1982의 사랑 무대 역시 이곳을 지나치지 않았다. 에디트 피아프Edith Piaf, 1915~1963, 찰리 채플린, 007 영화의 영원한 히어로로 로저 무어Roger Moore, 1927~2017, 장 폴 벨몽도Jean-Paul Belmondo, 1933~ 등도 이곳의 단골이었다.

물론 정치인 이름이 빠질 리 없다. 대통령과 수상만 해도 샤를르 드 골Charles De Gaulle, 1890~1970, 지스카르 데스탱Giscard d'Estaing, 1926~2020, 윈스턴 처칠, 조지 부시, 빌 클린턴, 보리스 옐친 등이 방명록에 이름을 남겼다.

미국인 부호, 헤밍웨이와 피츠제럴드를 리비에라 파티에 부르다

프렌치 리비에라French Riviera●가 영국인 귀족만을 위한 파티 장소가 될 수는 없었다. 1923년 미국인 부호 제럴드 클러리 머피Gerald Clery Murphy, 1888~1964와 사라 셔먼 위보르Sara Sherman Wiborg, 1883~1975 부부는 코트다쥐르에서 새로운 형태의 휴양 문화를 만들어냈다.

뉴욕 50번가에서 살던 이들 부부는 1921년 파리로 이주해왔는데, 제럴드는 그림을 그리면서 수많은 지인들을 만들기 시작했다. 마침내 그들이 코트다쥐르로 이주했을 때 이 부부는 나중에 유명해지는 많은 예술가와 작가들로 이루어진 사교 서클의 중심이 되어 있었다.

- 리비에라는 '해안'을 뜻하는 이탈리아 단어다.

그 모임에는 젤다와 스콧 피츠제럴드Zelda & F. Scott Fitzgerald 부부, 헤밍웨이
Ernest Hemingway, 1899~1961, 피카소, 장 콕토Jean Cocteau, 1889~1963, 화가 페르낭 레
제Fernand Léger, 1881~1955, 『맨해튼 트랜스퍼Manhattan Transfer, 1925』의 저자 존 더
스 패서스John Dos Passos, 1896~1970, 시인 아치볼드 매클리시Archibald MacLeish,
1892~1982, 작가 존 오하라John O'Hara, 1905~1970, 작곡가 콜 포터Cole Porter,
1891~1964, 시인이자 소설가 도로시 파커Dorothy Parker, 1893~1967 그리고 영화배
우이자 연극 비평가인 로버트 벤츨리Robert Benchley, 1889~1945 등이 있었다.

이들이 코트다쥐르로 오기 전 이 지역은 오로지 겨울 한철에만 붐볐고, 뜨
거운 여름철에는 버려진 곳이었다. 그러나 제럴드 부부는 그들이 파리에서
몽파르나스Montparnasse●의 카페에서 예술가들을 불타오르게 만들었던 것
과 같은 땔감을 제공했다. 1923년 제럴드는 그가 머물렀던 '호텔 드 카프Hotel
du Cap'를 여름에도 열도록 설득하여 친구들을 불러 즐기면서 프렌치 리비에
라에 '여름철 피난처'로써의 새로운 기원을 열었다.

결국 제럴드는 앙티브 곶Cap d'Antibes의 저택을 구입해서 '빌라 아메리카Villa
America'라고 이름 붙이고 몇 년을 보냈다. 제럴드 부부가 이곳에 오면 낮에는
아무런 활동도 하지 않고, 해변에 누워 단지 태양만을 즐겼다. 당시에는 옷
을 벗고 해변에 길게 누워 해를 쪼이는 일광욕이란 개념이 없었을 때였다. 제
럴드 부부야말로 요즘 바캉스 철의 해변에서 가장 '보편적이고도 세련된 야
외 활동'인 일광욕을 코트다쥐르에 도입한 장본인이었던 것이다.

스콧 피츠제럴드가 프렌치 리비에라로 온 것은 정말 행운이었다. 1920년 앨

●　제1차 세계대전 이후 가난하지만 예술혼에 불타는 젊은 예술인들이 모여들어 카페 문화
의 전성기를 열었다. 카페 '라 로통드(La Lotonde)'나 '르 돔(Le Dome)'이 제일 유명하다.

라배마 주 대법원 판사의 딸인 젤다와 결혼한 피츠제럴드는 1924년 유럽에서의 장기 체류를 위해 파리로 건너갔다가 생 라파엘에 정착하는데, 앙티브에서 제럴드 부부를 만나 자주 어울렸다. 이때의 경험이 그의 네 번째 장편소설인『밤은 부드러워Tender Is The Night, 1932』줄거리의 주요 소재가 되었다. 또한 그는 이곳에서 그의 세 번째 장편이자 출세작인『위대한 개츠비The Great Gatsby, 1925』의 초고를 집필했다.

소설『밤은 부드러워』는 주인공 로즈마리가 어머니와 함께 프랑스령 리비에로에 휴가를 갔다 겪는 일을 다루는데 다음과 같이 시작한다.

> '프랑스 마르세유와 이탈리아 국경 중간쯤에 위치한 경치 좋은 리비에라 만灣에 장밋빛 호텔이 위풍당당하게 서 있었다. 인사라도 하듯 허리를 굽힌 종려나무들이 아침 햇살에 붉게 물든 호텔 전면을 식혀주며 서 있고, 호텔 앞쪽으로는 그리 길지 않은 해변이 눈부시게 펼쳐져 있었다. 최근 들어 이곳은 상류사회 명사들의 여름 휴양지로 자리를 잡아가고 있었다. 그러나 십여 년 전만 해도 4월이 되어 영국인 단골 고객들이 북쪽으로 떠나고 나면, 이곳은 사람들의 발길이 뚝 끊어지다시피 했다. 지금은 호텔 근처에 방갈로가 다닥다닥 들어서 있지만 이 이야기가 시작될 무렵에는 고스의 에트랑제 호텔과 칸 사이에 있는 소나무 숲을 따라 지어진, 오래된 별장 열댓 채만이 늪에 피어난 수련처럼 소나무 숲 사이에서 지붕부터 삭아가고 있었다.'

제럴드 부부는 이 소설에서 심리학자 딕 다이버와 그 아내 니콜로 등장한다.

1923년 앙티브 해안에서의
제럴드와 사라 부부

1924년 파리 몽마르트에서 열린
가면 패션쇼에 출연한 제럴드와 사라 부부

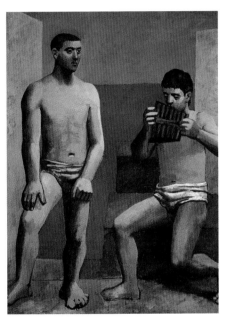

제럴드와 피카소,
1923년 앙티브

피카소, 1923년,
〈파이프를 부는 소년〉, 개인 소장

니스 해변의 일광욕

소설 속에서도 미국인 제럴드 부부가 이곳에 정착한 배경이 친절하게 설명된다.

'로즈마리는 사람들이 다른 질문을 하기 전에 얼른 화제를 돌려버렸다. "여러분은 여기가 마음에 드세요? 그러니까 이 해변이요."

"좋아할 수밖에요. 이 두 사람이 여기를 찾아냈으니까요."

에이브는 고개를 돌려 상냥함과 애정이 깃들인 눈으로 다이버 부부를 바라보았다.

"아, 그러셨어요?"

"호텔이 여름에 문을 연 것이 올해로 고작 두 해째예요."

니콜이 설명을 했다.

"우리가 고스호텔 측에 요리사와 급사 그리고 심부름하는 아이를 두게끔 설득을 했지요. 그런데 그게 수지가 맞은 거예요. 그리고 올해는 상황이 훨씬 더 낫군요."

"그런데도 호텔에서 묵지 않으시는군요."

"우리는 저 위쪽 타름에 별장을 지었답니다."

딕은 우산을 다시 세워 로즈마리의 어깨 위로 쏟아지는 햇볕을 가려주며 말했다.

"사정을 말하자면 북쪽 지방에 있는 휴양지는 모두 추위를 모르는 러시아인들과 영국인들이 차지하고 있답니다. 그런데 우리 미국인들 절반은 열대기후 지역에서 온 사람들이지요. 그래서 우리가 여기로 오기 시작한 겁니다."

코트다쥐르 해안을 표지로 한 F. 스콧 피츠제럴드의 소설
『밤은 부드러워』의 초판본

피츠제럴드는 1926년에도 봄과 여름을 리비에라에서 보냈다. 이후에도 파리는 몇 번 갔지만, 코트다쥐르에는 다시 가지 못했다.

『밤은 부드러워』는 1962년에 같은 이름의 영화로, 1985년에는 TV 미니시리즈로 제작되었다. 브래드 피트와 케이트 블란쳇이 주연을 맡은 2009년의 영화『벤자민 버튼의 시간은 거꾸로 간다The Curious Case of Benjamin Button』도 피츠제럴드의 1922년 소설을 각색한 것이다.

제럴드와 사라 부부의 삶은 헤밍웨이의 소설『에덴동산The Garden Of Eden, 1986』에도 등장한다. 헤밍웨이가 소설에서 기술한 것처럼 제럴드의 파티 손님들은 앙티브에 있는 호텔 드 카프의 에덴 록Eden Roc에서 수영을 즐기곤 했다.

미술평론가 캘빈 톰킨스Calvin Tomkins는 이 부부의 전기인『잘 사는 것이 최고의 복수다Living Well Is the Best Revenge』를 1962년 「뉴요커The New Yorker」에서 출간했고, 아만다 바일Amanda Vaill도 1995년에 『모두가 매우 젊었다Everybody Was So Young』라는 제목으로 이 부부의 전기를 펴냈다.

또한 1982년에는 이들의 딸인 오노리라Honoria Murphy Donnelly가『사라와 제럴드 : 빌라 아메리카와 그 이후Sara & Gerald : Villa America and After』를 썼고, 2007년 7월에는 사라와 제럴드의 관계를 주제로 한 연극 「빌라 아메리카」가 초연되었다.

정작 프랑스인들은 이 해변에 제일 늦게 정착했다. 코코 샤넬은 1927년 망통 근처의 로크브륀느카프마르탱Roquebrune-Cap-Martin에 집을 짓고, 절친한 친구들인 장 콕토와 살바도르 달리Salvador Dali, 1904~1989를 초청했다.

1956년 브리지트 바르도Brigitte Bardot의 전례가 없는 폭발적인 매력으로 인해 코트다쥐르에 또 다른 변화가 일어났다. 그해에 이 여배우와 생트로페St.

브르지트 바르도,
1958년 생트로페

Tropez를 신화로 만든 영화 「그리고 신은 여자를 창조했다 Et Dieu... créa la femme」
가 개봉되었다. 그때부터 코트다쥐르는 압도적인 인파의 불편함에도 불구
하고 관능과 탈출 그리고 세계적 수준의 매력을 표출하는 장소로 발돋움해
왔다. 이들, 프로방스의 여성들에 대한 이야기는 이 시리즈의 다음 번 책에서
소개하도록 하겠다.

Heinri Émile-Benoit Matisse

HEINRI ÉMILE-BENOIT MATISSE
앙리 마티스

Heinri Émile-Benoit Matisse
1869~1954

왜곡 없이 사물을 보기 위해서는 용기 같은 것이 필요하다.
이 용기는 모든 사물을 마치 처음 보는 것처럼 받아들여야 하는
예술가에게 필수적이다.

앙리 마티스
'프로방스 햇볕은 내 인생의 축복'

마티스는
'노트르담 성당의 화가'였다

2019년 4월 15일 파리 노트르담 대성당의 비극적인 대화재로 인해 시테Cité 섬의 우아한 풍경은 사라졌다. 예전처럼, 앙리 마티스가 그렸던 그림처럼 온전한 시테 섬의 노트르담 성당을 보려면 적어도 한 세대 이상은 더 기다려야 될 터이다.

파리의 화가들 가운데 노트르담 성당을 제일 잘 아는 사람은 앙리 마티스였음이 확실하다. 그는 노트르담 성당을 매일 보았다. 아니 볼 수 있었다, 아니 보고 싶지 않아도 볼 수밖에 없었다. 왜냐하면 그의 스튜디오가 노트르담 성당을 내려다볼 수 있는 곳에 있었기 때문이다.

마티스는 1898년 아멜리 파레르Amélie Noellie Parayre, 1872~1958와 결혼한 직후 1899년에 생미셸Saint-Michel 가의 이 건물에 화실을 마련했다. 마티스와 아멜리는 1897년 지인의 결혼식장에서 우연히 옆자리에 앉은 것이 인연이 돼 만

마티스가 니스로 이주하기 이전인 1914년에 그린
노트르담 성당

현대 화가 데미안 엘위스(Damian Elwes, 1960~)의
〈아티스트 스튜디오〉 시리즈의 하나인
'생미셸의 마티스 스튜디오'.
마치 실제 마티스의 생미셸 스튜디오에 들어와 있는 듯
그림 속에서도 노트르담 성당이 보인다.
데미안 엘위스는 현대 거장들의 스튜디오를 상상으로
그리는 작업으로 유명해진 화가다.
피카소부터 일본 구사마 야요이까지 다채로운
화가들의 스튜디오 그림 작업을 한다.
영국 출신으로 주로 미국 로스앤젤레스에서 활동하고 있다.

나기 시작해 일 년도 안 돼 결혼을 했다. 당시 마티스는 모델이었던 카롤린 조블로Caroline Joblau 관계에 의해 이미 딸 마거리트Marguerite, 당시 네 살가 있었지만, 아멜리는 이를 흔쾌히 받아들였다. 또한 아직 무명이라 돈벌이를 제대로 하지 못하는 마티스를 위해 모자를 만들어 파는 가게를 운영하면서 예술가 아내로서의 내조를 다했다. 또한 모델을 구할 여력이 없는 그를 위해서 기꺼이 모델이 되어주었다.

마티스는 아멜리처럼 어두운 모델들을 좋아했다. 1905년 파리 살롱에 전시된 마티스 그림이 주는 충격적인 비자연주의 색채 감각이 대중에게도 전이되어 폭발한 이후 그에게 야수파라는 타이틀이 붙었을 때, 아멜리는 마거

마티스, 1907년, 아멜리를 그린
〈붉은 마드라스 두건(Le Madras rouge)〉.
반스재단미술관 소장

1907년 남프랑스 콜리우르(Collioure)에서의
마티스 가족

리트의 엄마, 모델, 심지어 개인 매니저로 마티스의 삶에 완벽한 여인이었다.

구상화具象畵로부터의 뚜렷한 이탈, 그것은 현대 예술의 탄생에 핵심적인 요소였는데, 마티스 또한 〈춤〉, 〈제라늄 정물화〉, 〈그린 라인〉이나 생생한 색채감을 살린 〈아멜리 초상화〉 같은 작품으로 정통성에 대한 도전을 지속했다. 마티스가 살림집과 별도로 화실을 구한 것은 그림에 대한 그의 열정과 각오를 보여준다. 하필이면 왜 이 위치에 화실을 마련했는지는 알 수 없지만, 이제 막 서른 살이 된 그는 30대와 40대의 대부분을 이곳에서 파리의 가장 유명한 성당을 보면서 보냈다.

마티스가 처음으로 노트르담을 주제로 작업을 한 것은 그가 그림을 시작한 지 8년이 지나서였다. 처음엔 창밖으로 보이는 노트르담의 실제 풍경, 나무, 자동차, 행인, 배 등을 다양한 색으로 빠짐없이 그렸다. 그러나 형태가 점점 단순해지고, 색채가 정리되면서 결국 팔레트에는 몇 가지 물감밖에 남지 않았다. 그런 과정에서 마티스는 사물을 사실적으로 묘사하는 것에 흥미를 잃고 점차 자신의 눈에 비친 사물에 대한 자기감정을 이입하기 시작한다.

이때의 그가 목적하는 그림이란 '내 감정을 나타내는 것'이었다. 야수주의 Fauvism, 전통적인 기법에서 벗어나 자유분방한 필치와 격렬한 색채로 사물의 생명력을 표현하는 것이 꼭 야수野獸와 같다 하여 이름이 붙여진 미술사의 새 사조는 이렇게 생미셸 가의 한 창문에서 태동했다.

이에 대해 시인 기욤 아폴리네르 Guillaume Apollinaire, 1880~1918는 이렇게 칭송했다.

　　　"경애하는 마티스. 당신의 표현 방식을 사람들은 이해하지 못하고 비
　　　난했지만 당신은 그것에 아랑곳하지 않고 가장 어려운 작업 가운데

하나를 해냈군요."

그가 가족들을 이곳으로 불러들인 것은 화실을 마련하고 15년이 지난 1914년이었다. 그의 나이 마흔네 살이었다. 그해에 마티스와 아멜리는 모로코로 갈 계획을 포기하고 대신 화실 한 층 밑의 아파트로 이사했다. 그가 1914년 1월 26일 친구 시몽 뷔시Simone Bussy에게 보낸 편지에는 이런 사실이 잘 나타나 있다.

'친애하는 친구, 우리는 올 겨울 탕헤르Tanger에 가지 않을걸세. 우리는 예전에 쓰던 생미셸 가의 아틀리에 바로 밑에 아파트를 얻었다네. 다시 가족들과 함께 지내게 되어 기쁘기 그지없군. 난 이곳에서 작업하게 된 것과 파리를 떠나지 않은 것을 후회하지 않을걸세.'

마티스는 1912년 모로코 탕헤르에서 일 년 동안 살았다. 그는 여기서 북아프리카의 이슬람 예술에 관심을 갖게 되었다. 그의 작품의 대담한 색채는 아프리카 미술에서 받은 영향을 반영한다. 마티스는 소위 오리엔탈리즘 장르의 선배 화가 장 레온 제롬Jean Leon Gerome, 1824~1904 같은 예술가들과는 전혀 다르게, 모로코를 그리는 새로운 방법을 모색했다. 그는 이국적인 풍광 자체가 아니라 아라베스크 잎 장식, 건물과 직물의 디자인, 화려한 빛 그리고 색깔에 주목했다.

마티스는 탕헤르 그랜드 호텔 빌라 드 프랑스 35호실에 묵었다. 이 방은 35호실이지만 2층에 있는데, 다른 방들은 200부터 시작하는 번호를 가지고 있

마티스 초기 시절 새로운 빛을 얻은 1912년 그림 〈탕헤르의 창〉. 푸시킨박물관 소장

다. 이 방에서 그는 자신의 삶에서 가장 풍요로운 예술적 시기 중 하나를 즐겼고, 이 기간 동안 20여 점의 그림과 수십 점의 스케치를 완성했다.

이 시기 그린 가장 유명한 그림 〈탕헤르의 창Window in Tangier〉 역시 이 방에서 그렸다. 이 그림은 파리에서 마티스가 러시아 컬렉터 이반 모로조프Ivan Morozov에게 직접 팔았지만 러시아혁명 이후 압수되었다. 1948년까지 대중에게 기증되었다가 현재 모스크바의 푸시킨박물관에 걸려 있다.

방에서 내다보이는 세인트 앤드루St. Andrew 성공회 교회, 그랜드 소코Grand Socco, 메디나, 카스바Casbah와 함께 공원 풍경은 오늘날까지 거의 변하지 않았다.

탕헤르의 유명한 외교 지역에 자리한 이 호텔은 007 영화 시리즈의 24번째 「007 스펙터Spectre」에 등장하는 '호텔 아메리칸Hotel L'American'을 연상시킨다. 아마도 시나리오 작가가 이 호텔에서 영감을 받았음이 틀림없다.

빌라 드 프랑스는 1880년에 지어진 이후 탕헤르와 모로코를 여행하는 상류층 유럽인들에게 사랑받는 휴식처였다. 개업 이래 많은 왕족과 귀족, 고관, 연예 스타들을 수용해왔다. 이 호텔의 애용자 명단에는 윈스턴 처칠과 리타 헤이워드Rita Hayworth, 록 허드슨Rock Hudson 등이 올라 있다.

그러나 빌라 드 프랑스는 1930년 호텔 '엘 민자El Minzah'가 새로 문을 열면서 할리우드 전설들이 애용하는 호텔 최고의 자리를 잃어 점차 쇠퇴했고, 20년 동안 문을 닫아 한때 철거될 위기에도 몰렸다. 그러다가 지난 2015년 새로 단장되어 다시 문을 열었다. 아마 마티스가 살아 있었더라면 이 문화유산 호텔의 아름답게 복원된 무어 건축물과 테라스, 정원에 흥분했을 것이다. 35호실에는 〈탕헤르의 창〉을 포함한 몇 점의 복사본들이 걸려 있다.

색채는 다이너마이트다

사실 마티스는 스무 살이 넘도록 자신의 예술가적 자질을 깨닫지 못했다. 청년이 될 때까지 그는 어떤 형태의 예술에도 특별한 관심을 갖지 않았다. 그러다가 갑자기 그의 인생 진로를 전격적으로 바꾸어놓는 어떤 계시를 만나게 된다.

1952년 11월 8일 마티스는 출생지 르 카토 캄브레시스Le Cateau-Cambrésis의 한 미술관에서 자신 작품을 위주로 한 개관기념전 기념사에서 다음처럼 그림을 그리게 된 과정을 설명했다.

"저는 미술과는 전혀 다른 분위기에서 자랐습니다. 제 나름으로 인생 설계도 이미 서 있었습니다. 게다가 수년간 성격이 전혀 다른 직업변호사에 종사하고 있었습니다. 무엇 때문에 미술의 길로 접어들게 되었는지 제 자신도 모르겠습니다. 파리로 떠난 후 만 일 년간은 대학에서 법률 공부를 했습니다. 그동안 미술관에는 갈 생각조차 하지 않았습니다. 일 년에 한 번씩 열리는 회화전람회조차 가보지 않았습니다. 그저 내 나이 또래 젊은이들과 어울려 여가를 오락으로 보냈습니다. 파리에서 얻고자 한 자격을 따자 곧 고향으로 돌아왔습니다. 그러고는 변호사 사무실에서 수년간 일했습니다. 그 후 보앵Bohain에서 휴양을 하면서 한가한 시간을 보낼 기회가 있었습니다. 그때 어머니가 사주신 수채화 물감상자 뚜껑에 있는 풍경화를 그대로 모사하고 있었습니다.

……

제가 택한 길의 중대성을 깨닫게 된 것은 훨씬 후의 일이었고 마침내 이 길은 순수하고도 진정한 나의 천직이라는 확신을 갖게 되었습니다. 처음에는 물을 떠나는 물고기처럼 변호사 사무실을 떠나는 것이 무척 두려웠습니다. 그래서 저는 눈을 딱 감고 어린 시절부터 제 귓가에 맴돌던 '서둘러라!'라는 말만을 가슴속에 간직한 채, 새로운 인생의 길로 뛰어들었습니다. 그러고는 저의 부모님 식으로 서둘러서 일을 하기 시작했습니다. 지금은 잘 알 것 같기도 하지만 그 당시는 깨닫지 못하고 있었던 어떤 신비한 힘에 이끌려 정상적인 젊은이로서의 나의 종전의 생활과는 전혀 낯선 생활을 하게 되었습니다."

화가 일을 막 시작한 1889년 마티스 어머니는 그에게 "예술은 사물을 단순히 그리는 것이 아니라, 사물이 갖고 있는 감성에 귀를 기울이는 것"이라고 말했다고 한다.

'바로 그때 나는 손에 물감 상자를 들고 있었는데, 이게 내 운명임을 깨달았다. 자신이 사랑하는 것을 향해 돌진하는 짐승처럼 나는 내 자신을 던졌다.'

습작 시절 마티스가 자신의 집에 걸어놓거나 전시해놓은 것은 로댕의 조각, 고갱의 그림, 고흐와 세잔의 드로잉 작품이었다. 1896년 마티스는 프랑스 국전이라 할 수 있는 일명 '살롱 나시오날', 즉 '소시에테 나시오날 데 보자르 Société Nationale des Beaux-Arts'에 5점의 작품을 내놓는데 고갱과 고흐, 세잔의

콜리우르 전경

앙드레 드랭의 그림 〈콜리우르의 등대〉.
퐁피두센터 소장

회화적 구도와 색채에서 영향을 받은 것들이었다.

마티스가 남부 지중해의 햇볕에 처음으로 눈을 뜬 것은 코르시카 섬의 수도인 아작시오Ajaccio로 간 미술여행이었다. 그는 나중에 "아작시오에서 남쪽 바다란 이런 것이구나 하는 것을 깨달았다"고 말했다.

21살이 될 때까지 붓조차 들어보지 않았던 이 젊은이는 어머니에게 수채화 물감을 선물받은 때부터 몇 년 후, 1905년 여름을 보낸 프랑스 남서부의 콜리우르에서 친구 앙드레 드랭André Derain, 1880~1954●과 함께 예술을 뒤집었다. 마티스는 거기서 색채는 다이너마이트와 같다는 것을 알게 되었다. 도화선에 불을 붙이면 500년의 전통이 연기로 사라질 수 있다는 깨달음이었다. 마티스는 이후 코트다쥐르 생트로페와 니스, 모로코의 탕헤르, 이탈리아 베네치아 등지를 누비는 동안 그의 예술세계의 자연스런 기류가 형성되었다.

마티스의 전기 작가인 힐러리 스펄링Hilary Spurling, 1940~●●은 그를 '무자비한 목적을 가진 사람a man of ruthless purpose'이라고 묘사했다. 파리의 에콜 데 보자르École des Beaux-Arts에서 그의 첫 교사는 그를 "앙큼하다sournois"고 표현했다. 그는 확실히 혁명가였다. 그는 항상 자신을 새롭게 발명했다. 그는 대단한 용기를 가지고 있었다.

● 마티스와 함께 야수주의의 창시자로 강렬한 색채와 형태의 작품을 선보였다. 초기 작품에서는 입체주의와 아프리카 미술의 영향이 드러난다. 이후, 전통적인 양식으로 회귀하여 고고학적인 유물과 전성기 르네상스의 회화 작품에 심취했다.

●● 마티스에 대한 전기를 두 권이나 출간했다. 2006년 1월 두 번째 전기 『장인 마티스 : 색채의 정복 1909-1954(Matisse the Master: The Conquest of Colour 1909-1954)』로 '휘트브레드상(Whitbread Prize)'을 수상했다.

데미안 엘위스의 그림 〈콜리우르의 마티스 스튜디오〉.
(출처 https://unitlondon.com/artists/188-damian-elwes/)

마티스가 금붕어에 빠진 이유

1905년부터 1912년 사이에 제작된 그림들은 거의 외국으로 팔려나갈 만큼 성공 가도를 달렸으므로, 마티스는 어느 정도 한숨을 돌리게 되었다. 그는 개척자처럼 선두를 달리기에도 상당히 지쳐 있었고, 점차 '고요하고 평화로운 예술'을 추구하고자 했다. 이는 '편안한 안락의자처럼 인간의 마음을 가라앉히고 진정시키는 역할'을 하는 그런 것이었다.

그런데 이 당시 마티스의 그림을 관찰하노라면 그가 금붕어에 집착하는 시기가 있다. 탁자 위에, 창문 옆에, 누드 여인 옆에, 커다란 어항 안에……. 여기도 금붕어, 저기도 금붕어, 사방에 금붕어가 있다. 1911년에서 1914년 사이 금붕어가 등장하는 그의 그림은 열 작품 정도로 많다. 대체 그 이유가 무엇이었을까?

그림 제목	제작 연도	소장처
금붕어 어항	1911~12	뉴욕 메트로폴리탄미술관
금붕어	1912	모스크바 푸시킨박물관
테라스의 조라(Zorah)	1912	모스크바 푸시킨박물관
금붕어와 조각	1912	뉴욕 현대미술관(MOMA)
금붕어와 팔레트	1914	뉴욕 현대미술관
대형 수조의 금붕어	1912	코펜하겐 쿤스트스타텐스박물관
실내 장식과 금붕어	1912	필라델피아 반스재단미술관
어항 앞의 젊은 여성	1911~12	필라델피아 반스재단미술관
아랍 커피하우스	1912~13	상트페테르부르크 에르미타주미술관
금붕어와 실내 인테리어	1914	파리 퐁피두센터

마티스의 금붕어 그림

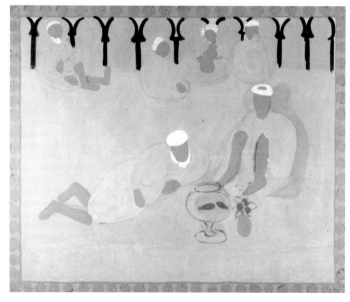

마티스, 1921년, 〈금붕어 어항(The Goldfish Bow Winterl, 부분도)〉,
메트로폴리탄미술관 소장

마티스, 〈아랍 커피하우스(Arab Coffeehouse)〉,
에르미타주미술관 소장

서양에 전해지는 속설에 따르면, 금붕어는 우리의 세 가지 소원을 들어주는 마법의 능력을 가지고 있다고 한다. 그러나 마티스가 그것들을 강박적으로 계속 그리게 만든 이유가 정말 이 신비로운 이야기 때문이었을까?

고대 중국에서부터 호수에서 자라던 금붕어가 궁궐이나 고급저택 정원 연못에 뛰노는 관상용으로 변모하기 시작한 것은 당나라 때부터였다. 금붕어가 일본에 전해진 것은 1603년이었고, 일본을 통해 포르투갈에 건너간 것이 1611년이었다. 유럽 최초의 금붕어다.

1620년이 되면 남부 유럽에서 금붕어가 그들의 금속성 비늘 때문에 행운과 부의 상징으로 각광을 받기 시작한다. 그래서 결혼 1주년이 되면 남편들이 미래의 풍요와 번영을 기리며 아내에게 금붕어를 선물하는 것이 전통이 되었다. 이 전통은 빠르게 사라졌지만, 금붕어의 쓰임새는 더 다양해졌다. 북미 대륙에는 1850년대에 상륙해 빠르게 퍼져 나갔다. 마티스가 아멜리와 결혼한 것은 이로부터 한참 후인 1898년이다. 따라서 마티스의 금붕어 집착이 이런 이유 때문이라고 해석하긴 어렵다.

결론적으로 말해 마티스는 모로코 사람들의 느리고 믿음이 있는 생활 방식을 관찰했던 탕헤르 여행 이후 금붕어에 주목했을 가능성이 높다. 그는 금붕어가 있는 어항을 들여다보며 공상하거나 명상을 하는 모로코 사람들의 모습을 자주 이야기했는데, 그들이 겉보기에 따분해 보이는 자신의 실존 요소들을 어떻게 바라보고 즐기는지에 대해 매료되었다.

마티스에게 금붕어 자체는 그림 〈아랍 커피하우스〉가 나타내듯, 그가 그토록 동경했던 모로코 사람들의 평온한 마음의 상태를 상징하는 것이었고, 그런 금붕어를 그리는 것은 그가 꿈꾸었던 대로 가는 정신활동의 형태였다.

마티스, 1912년, 〈금붕어(Goldfish)〉. 푸시킨박물관 소장

마티스는 1908년 『화가의 노트 Notes of a Painter』에서 다음처럼 말했다. 그의 예술을 이해하는 데 가장 핵심적인 진술이고, 평론가들도 그의 예술을 말하면서 자주 인용하는 대목이므로 영어 원문을 함께 싣는다.

'내가 꿈꾸는 것은 고뇌하거나 우울한 주제가 없는 균형과 순결과 평온의 예술, 이는 모든 정신노동자, 사업가뿐만 아니라 문학가를 위한 예술일 수도 있다. 예를 들어 육체적 피로에 휴식을 주는 좋은 안락의자처럼 마음을 달래고 진정시키는 감화력일 수 있다.

What I dream of is an art of balance, of purity and serenity, devoid of troubling or depressing subject matter, an art which could be for every mental worker, for the businessman as well as the man of letters, for example, a soothing, calming influence on the mind, something like a good armchair which provides relaxation from physical fatigue.'

1947년 필라델피아미술관 큐레이터 헨리 클리포드 Henry Clifford에게 보낸 편지에서도 이렇게 말했다.

"나는 항상 내 자신의 노력을 숨기려고 노력해왔고, 작품을 위해 치른 노동을 누구도 의심하지 못하게 하는 '봄날의 가벼움과 즐거움'이 있기를 바랐다."

그에게는 금붕어가 '봄날의 가벼움과 즐거움' 같은 평온의 오브제였을 것이다.

고요하고 평화로운 광선을 찾아서

마티스는 오랫동안 화실 안에서의 빈틈없는 작업에 지쳐서 파리를 떠나 다시 한 번 자연과 순수한 광선을 접하고 싶은 욕망을 강하게 느꼈다. 무엇보다 파리의 햇볕은 그가 추구하고자 하는 '고요하고 평화로운 광선'이 아니었다. 그러던 1917년 그는 기관지염에 걸려서 온화한 기후를 찾아 니스로 가게 되었다. 앞의 서문에서 말했듯 이는 그에게 남은 생애를 장식하게 될 부드럽고 완숙한 햇볕을 만나는 행운을 가져다주었다. 조르주 살레스에게 "아침마다 새로운 니스의 광선을 발견합니다. 나는 나의 행운을 도저히 믿을 수 없습니다"라고 말할 만큼, 그는 희열에 차 있었다.

조르주 살레스는 1950년 니스에서 열린 마티스의 개인전 서문에 바로 이 말을 인용했다. 마티스가 니스에 정착해서 세상을 떠날 때까지 그의 모든 작품은 바로 이 자연광선에 대한 환희를 표현한 것이라고 해도 과언이 아니다.

지중해의 미풍에 하루 종일 커튼이 하늘거리는 소박한 호텔 안에서 마티스는 베네치아풍 블라인드 사이로 바다를 내다보면서, 그가 그렇게 오랫동안 꿈꾸어왔던 마음의 평안과 행복감을 느낄 수 있었다. 가끔씩 그는 니스에서 가까운 언덕에 올라 두서너 번에 걸쳐서 마무리할 수 있는 소품 풍경화를 그렸다.

그러나 그 당시 근시였던 마티스에게 야외 광선은 너무 강렬해서 작업을 하기 힘들었다. 따라서 그는 블라인드를 통해 들어오는 부드러운 광선이 사물

마티스가 묵은 보 리바쥬 호텔의 테라스가
그대로 나타난 1918년 그림
〈니스 해안(The Bay of Nice)〉

마티스, 1918년,
〈보 리바쥬에 있는 나의 방(My Room at the Beau-Rivage)〉.
필라델피아미술관 소장

을 비추는 실내에서 작업하기를 즐겼다. 그는 화장대와 침대만이 있는 좁은 호텔 방 안에 이젤을 겨우 들여놓고 평화로운 마음으로 작품 활동에 몰두했다. 이 점에서도 그는 피카소와 매우 달랐다. 피카소는 "그림은 꾸며진 아파트에서 만들어지지 않는다. 그림은 적에 대한 공격과 방어의 무기다"라고 말했다.

1918년 마티스가 잠시 파리에 머물다 돌아와 보니 보 리바쥬 호텔 그의 방을 다른 사람이 묵고 있었다. 그래서 마티스는 그 근처 '지중해와 코트다쥐르 Hôtel de la Méditerranée & de la Côte d'Azur'라는 이름의 호텔에서 좀더 크고 비싼 방을 얻었다.

그는 여기서 무려 4년 동안이나 머물렀다. 그러니 그의 인생 후반기에 가장 큰 영감을 준 호텔이라 할 수 있다. 니스에서 마티스의 첫 전시회가 열린 것은 1946년이었는데, 바로 이 호텔이 그의 작품들을 전시한 갤러리가 되었다.

이 호텔의 발코니가 있는 프랑스풍의 높은 창문, 꽃무늬 벽지, 하얀 조각상, 화장대, 천으로 된 의자 등은 그의 그림 〈니스의 프랑스풍 창문〉이나 〈니

살레야시장의 마티스 스튜디오가 있던 건물.
1층에 갤러리가 있다.

니스 해안을 뒷배경으로 한 마티스의 1922년 그림
〈열린 창문을 등지고 앉아 있는 여인(Sated Woman, Back Turned To The Open Window)〉.
몬트리올미술관 소장

스의 실내〉 등 작품에서 오브제로 등장한다. 이 호텔은 개축을 거쳐 현재 '하얏트 레전시 니스 지중해 궁전Hyatt Regency Nice Palais de la Méditerranée'이라는 이름으로 변신했다.

1921년 마티스는 건강을 위해 마침내 파리의 집을 남겨둔 채 니스에 영원히 정착하기로 결심했다. 그는 '영국인의 산책로' 끝머리, 지금은 살레야Saleya 시장으로 유명해진 레 퐁슈테Les Ponchettes 상가의 낮은 지붕 너머로 지중해를 바라볼 수 있는 아파트 3층나중에는 4층으로 이주에 거처를 마련했다.

화실의 한쪽에다 이슬람 양식의 칸막이를 치고 아라비아 융단과 커튼을 쳐서 당시 유행하던 '오리엔탈풍'으로 장식했다. 이후 작품들은 대체적으로 매우 따뜻하고 쾌활한 분위기가 감돌게 된다.

살레야 시장은 주말에는 초대형 야외 식당으로 변신한다. 사진의 오른쪽이 '갤러리 퐁슈테'가 있던 '레 퐁슈테 상가'. 지금은 바와 식당들이 거의 점령했다. 마티스 스튜디오는 이 시장 끝에 있었다.

남프랑스 특유의 블라인드와 니스 해안을
배경으로 한 1919년 그림
〈우산을 든 여인(Woman holding umbrella)〉

같은 장소에서 그린 1919년 그림
〈발코니의 녹색 파라솔을 든 여인
(Woman with a Green Parasol on a Balcony)〉.
개인 소장

마티스, 1919년,
⟨바이올린 케이스가 있는 실내(Interior with a Violin Case)⟩.
뉴욕 현대미술관 소장

마티스, 1921년,
⟨무어풍의 휘장(The Moorish Screen)⟩.
필라델피아미술관 소장

마티스는
지중해의 고요하고 평화로운 자연 광선에 반해
니스에 정착했다.

니스에서 마티스의 두 번째 전시회는 1950년에 열렸는데, 바로 집 앞에 있는 갤러리 퐁슈테Galerie des Ponchettes가 전시장이었다. 이 전시회가 코트다쥐르에서의 위대한 예술적 모험의 시작이었다. 이를 계기로 이 지역에는 수많은 갤러리와 박물관이 들어서게 된다. 그러니 프로방스를 거대한 아틀리에로 만든 데에는 그 누구보다 마티스의 공헌이 크다고 할 수 있다.

1931년 마티스는 시미에Cimiez 마세나고등학교 근처의 한 낡은 창고를 임시 스튜디오로 개조했다. 그 공간은 미국의 유명한 컬렉터인 앨버트 C. 반스Albert Coombs Barnes, 1872~1951가 그의 재단 중심 갤러리에 놓을 작품으로 계약한 그림을 제작하기에 이상적인 곳이었다. 여기서 나온 작품이 바로 〈댄스The Dance Ⅱ〉다.

마티스 그림에서 가장 유명한 것의 하나인 〈댄스 I〉은 그와 오래 친분을 다져온 러시아 사업가이자 예술품 수집가인 세르게이 슈킨Sergei Shchukin을 위해 제작한 대형 벽화 〈음악La Musique〉의 일부분으로 그려진 장식 패널이었다. 1910년에 제작되어 1917년 10월 혁명이 일어날 때까지, 이 그림은 슈킨의 모스크바 맨션 계단에 〈음악〉과 함께 걸려 있었다. 현재는 상트페테르부르크의 에르미타주미술관이 소장하고 있다.

이 그림은 매우 단순한 녹색 풍경과 깊고 푸른 하늘을 배경으로 강한 빨간색으로 그려진 5명의 춤추는 사람을 보여준다. 마티스 초기의 원시예술에 대한 매혹을 반영하고 강한 색을 강조하는 고전적 야수주의 색채 팔레트를 사용한다.

시원한 파란색과 대비되는 따뜻한 색상과 춤추는 누드의 리드미컬한 연속은 감정적인 해방과 쾌락주의의 느낌을 전한다. 이 그림은 이고르 스트라빈

마티스 그림 중 가장 유명한 〈댄스 I〉. 에르미타주미술관 소장

반스재단미술관에 전시되어 있는 〈댄스 Ⅱ〉

스키Igor Stravinsky의 유명한 발레곡 〈봄의 제전祭典〉에서 비롯된 '어린 소녀들의 춤'과 관련이 있다.

〈댄스 Ⅱ〉는 구아슈 물감이 칠해진 종이를 사용한 기술에 의존해 그려진 기념비적 작품이라는 의미가 있다. 구아슈는 빛을 반사하는 대신 빛을 흡수하는 부드럽고 무겁고 벨벳 같은 질감을 가지고 있어 매우 부드러운 묘사를 나타낸다. 따라서 불투명한 커버리지에 이상적이고, 실제로 구아슈는 '불투명한 수채'라고 불린다.

〈댄스 Ⅱ〉는 반즈재단미술관의 3부작 벽화로 완성되었다. 예술 애호가이자 마티스 작품의 오랜 수집가였던 미국인 백만장자 앨버트 C. 반스가 1932년에 의뢰한 것으로, 그는 제작에만 일 년여가 걸릴 것으로 예상되는 벽화에 총 3만 달러를 지불했다.

니스, 레지나 레지던스

마티스의 임시 스튜디오가 있던 시미에 도로에는 벨 에포크$^{Belle Époque}$ 양식의 우아하고도 웅장한 건물인 레지나^{Régina} 레지던스가 있는데, 이는 병든 영국 빅토리아 여왕$^{1819~1901}$의 치료와 휴양을 위해 지어진 시설이었다. 여왕이 영국에서 건너와 이곳을 사용할 때는 그녀의 수발을 드는 1백여 명의 시종이 서관 전체를 사용했다.

마티스는 1938년에 이 건물 3층의 플랫^{flat} 2채를 구입해 하나는 스튜디오로, 하나는 살림집으로 사용했다. 이 집이 그의 마지막 거처였다. 그는 이 집에서 1954년 11월 3일 숨을 거뒀다. 마티스는 인근 시미에 공동묘지에 묻혔는데, 바로 그 옆에는 마티스 가족이 기증한 작품들로 구성한 마티스박물관이 있다.

인생의 교훈, 왜 색종이 오려붙이기(cut-outs)인가?

"오십 년 동안 나는 잠시도 작업을 중단해본 적이 없다. 나의 첫 일과 시간은 9시에서 12시까지다. 그 다음에 점심에 잠깐 낮잠을 자고 2시에 다시 붓을 들어 저녁 때까지 작업을 한다. 나는 당신이 이 말을 곧이들으리라고 생각하지 않는다."

마티스의 말이다. 예술가의 작업은 이렇듯 노동이다. 그것도 반복적인 노동이다. 노동에서 '우아한 일상'이란 있을 수 없고, 이런 노동의 반복 없이 태어나는 예술 작품이란 없다.

이렇게 왕성하게 창작 작업을 했던 마티스였지만 1941년 일흔두 살 때 대장암으로 인한 대수술을 받고 휠체어에 갇힌 상태에서 붓을 들기 힘들어졌다. 수술 후 그는 시미에 집에서 거의 누운 채로 스케치와 삽화 작업을 했다.

말년의 마티스가 가장 선호하는 복장은 파자마였다. 파자마야말로 1954년 84세의 나이로 사망하기 전의 10년 동안 병약한 불면증 야간 근로자와 깨어 있는 몽상가에게 가장 이상적인 유니폼이었다.

레지나 스튜디오의 새장에는 수십 마리의 하얀 비둘기들이 있었다. 마티스는 비둘기들에 둘러싸여 그들과 함께 시간을 보냈다. 비둘기는 마티스에게 일종의 반려동물로, 그의 탐욕스러운 수집품의 하나였다.

선반과 탁자는 병과 도자기들로 덮여 있었고 북아프리카 양탄자는 창문에 걸려 있어서 강한 남쪽의 태양빛으로부터 그들을 가려주었다.

수술은 그를 쇠약하게 만들었고 기본적으로 의자와 침대에 묶어두었다. 그림 그리기와 조각은 육체적인 도전이 되었고, 자신의 생각에 감정적으로, 새로운 요구로 인해 너무 많은 짐을 지게 되었다. 동시에, 치명적인 위기에서 살아남은 것에 대한 순수한 안도감이 창조성의 쇄신을 불러일으켰다.

그의 해결책은, 그런 것을 인식하기도 전에, 거의 어린애처럼 단순했다. 그는 좀더 다루기 쉬운 재료와 도구들을 집어 들었다. 보

시미에 집에서의 마티스와 반려묘,
로버트 카파(Robert Capa, 1913~1954) 사진이다.

조원들이 색칠한 종이, 튼튼한 가위 그리고 평범한 맞춤 핀. 그가 만든 것은 색채의 탁월함과 입체적인 복잡성의 혼합체였다. 작품은 정말로 급진적이어서 그림도, 조각도 아니었고, 영구적이지도 않았다.

종이예술, 데쿠파주découpage는 마티스에게 처음이 아니었다. 그는 그것을 뉴욕 현대미술관 전시가 시작되는 1930년대 이후로 작품의 아이디어와 씨름하는 과정에서 사용해왔다.

그에게 데쿠파주는 노동집약적 작업이었다. 단호하고 강인한 끈덕짐이 그의 방식이었다. 그는 자신이 그림을 그리거나 잘라낼 때, 모델들에게 몇 시간, 며칠, 몇 주 동안 쓰러질 정도로 앉아 있으라고 강요했다. 그의 초반 컷아웃 몇 개는 아웃사이더 스타일에 강박적인 관념의 예술처럼 보인다.

1946년 파리에서의 어느 날, 마티스는 평범한 흰 종이로 작은 새 모양을 잘랐다. 별것 아니었지만 마음에 들어 조수에게 벽에 핀으로 꽂아 얼룩을 감

마티스의 레지나 스튜디오에는 수십 마리의 비둘기들이 있어서 함께 생활했다.

추라고 했다. 그러고 나서 그는 더 많이 잘라 모양을 만들어냈다(그에 대한 전기 영화 가운데는 그가 커다란 손가락 모양의 해조류 형태를 잘라낸 후, 꿈틀거리는 문어처럼 길들이기 위해 고군분투하는 유쾌한 장면들도 있다).

이윽고 방 안의 두 벽이 핀으로 느슨하게 고정한 새와 물고기, 해양성 식

침실에서 종이 오리기 작업을 하는 마티스. 생의 경외(敬畏)가 느껴진다.

물 모양으로 오려낸 조각들로 가득찼다. 마티스의 지시에 따라 인내심이 좋은 스튜디오 직원들은 마티스가 완전한 두 개의 벽화를 완성했다고 만족할 때까지 조각들을 이리저리 옮겨 붙였다. 마티스는 그 작품 하나는 〈오세아니아, 바다Oceania, the Sea〉라고 불렀고, 다른 하나에는 〈오세아니아, 하늘Oceania, the Sky〉이라고 이름 붙였다. 그들은 그가 몇 년 전에 만들었던 '타히티Tahiti로의 여행'을 연상시켰다.

마티스는 방스의 스튜디오에서 본격적인 색종이 '오려붙이기' 작업에 들어갔다. 마침 그의 방스 집에는 예쁘고 예언적인 이름이 있었다. 빌라 르 레브Villa le Rêve, 즉 드림 하우스Dream House다. 결코 쉽지는 않았지만 놀라운 예술이 그 지붕 아래 자리잡았다.

미리 칠한 종이를 구상한 형태대로 잘라내는 기법은 단순히 〈댄스 II〉의 창작에 도움을 주는 이상으로, 그 자체로 훌륭한 표현 방식이 될 수 있는 것이었다. 말년에 마티스는 러시아 출신으로 그의 모델이자 비서, 정부였던 리디

아 델렉토르스카야Lydia Delektorskaya, 1910~1998를 만나는데 그녀는 이 작업을 나중 "화가의 낙원painter's paradise"이라고 불렀다.

리디아는 피카소 역시 귀를 쫑긋하지 않을 수 없는 이름이다. 그의 '포니테일 소녀' 시리즈에 등장하는 모델 역시 이름이 리디아였다. 그녀는 피카소의 모델이 되었을 때 고작 나이가 19살이었다. 리디아 코르베Lydia Corbett, 1934~ 얘기는 나중 피카소 단원에서 하도록 하자.

색종이 오려붙이기는 기력이 떨어져서 색칠 작업을 하기 힘들어졌기 때문에 선택한 일종의 대안이었지만, 그게 또 하나의 완벽한 신화를 탄생시켰다. 간단하지만 너무도 창의적이었기에 그 스스로 '제2의 인생'이라고 부른 그의 작품에 그대로 적용되었다. 종이와 가위는 그에게 색과 형태, 단순히 그리고 칠하는 방법 이상을 주었고, 이는 그의 삶의 마지막 13년 동안 진화해나갔다. 색감과 리듬이 매우 즉흥적인 〈재즈〉 시리즈 그리고 〈푸른 나부裸婦〉 등 일련의 색종이 오려붙이기 작품들의 색채는 매우 화려하지만 그 밑바탕의 철학은 오히려 동양적이어서 사물의 본질을 단숨에 꿰뚫는 직감과 선禪의 미학에 닿아 있다. 색감과 율동을 교묘하게 조화시키고 때로는 강렬하게 대비시킨 일련의 작품들은 마치 크리스털처럼 맑고 투명한 영상으로 가득차 있다.

휠체어에 의지한 마티스의 비밀 무기는 12피트365.76cm 길이의 기다란 대나무 지팡이였다. 손에 지팡이를 묶은 그는 마치 지휘자가 지휘봉을 들고 오케스트라를 지휘하는 것처럼, 스튜디오 벽면 높은 곳에 있는 '색종이 작곡'에 무한한 조정을 하기 위해 많은 조수들, 특히 리디아를 지휘할 수 있었다. 물론 이 지팡이는 자신의 침실 벽에 스케치를 하는 용도로도 쓰였다.

그러면 이제 종이 오려붙이기, 컷아웃에 대해 자세히 알아보자. 생애 마지막

침대에 앉은 채로 긴 지팡이를 이용해 벽면에 로사리오 예배당에 쓰일 형체의 드로잉을 하는 마티스

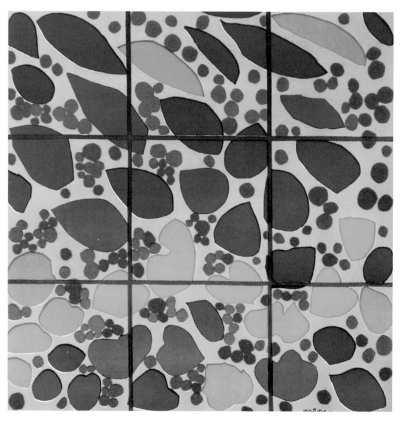

컷아웃 작품을 석판화로 뜬 것. 마티스, 1953년,
⟨꽃 속의 담쟁이(Lierre en fleur)⟩, 댈러스미술관 소장

의 10여 년 동안 앙리 마티스는 광범위한 색과 복잡성의 작품을 만들기 위해 오로지 백지와 구아슈라는 두 가지 간단한 소재만을 사용했다. 요즘 사람들은 색종이를 사용하면 되지 않았느냐고 간단히 되물을 수 있겠지만, 1940년대, 그것도 전쟁 중에 색종이가 어디 있었겠는가. 그러니 마티스는 자신이 스스로 구아슈로 색종이를 만들었던 것이다.

그리고 당시 미술 작업에서 매우 비정통적인 도구였던 가위가 색종이를 식물과 생물의 세계로 변형시키는 데 사용한 도구의 전부였다. 진정 혁명이라고 하지 않을 수 없다.

컷아웃은 뚜렷한 단계로 작업이 이루어졌다. 우선 종이와 구아슈를 구입하면, 스튜디오 보조원들이 종이에 구아슈를 칠해, 두 가지 재료를 결합했다. 그러면 마티스가 완성된 색종이를 자신이 구상한 모양대로 자르고 그것들을 구성해 배열했다. 작은 소품을 위해 예술가는 핀을 사용하여 판자에 직접 작업했고, 더 큰 교향곡을 위해서는 조수들에게 그의 스튜디오 벽에 그것들을 배열하라고 지시했다. 이렇게 완성된 컷아웃은 스튜디오나 파리에 전문 표구사에 의해 영구적으로 설치되었다.

1__종이에 색칠하기(PAINTING THE PAPER)

구아슈는 불투명하고 빠르게 건조되는 무광 물감이다. 마티스는 파리와 니스 양쪽에 있는 상점에서 다양한 색상을 구입해 색상과 신선도를 바탕으로 튜브를 선택했다. 스튜디오 보조원들은 큰 롤에서 직사각형 모양의 종이를 잘라냈다. 물로 묽어진 구아슈를 종이에 바른 후 건조될 때까지 무게를 쟀다. 어떤 시트는 구아슈를 좀더 촘촘하게 도포하고 어떤 시트는 붓질이 눈에 띄도록 옅게 칠했다.

2 _ 자르기(CUTTING)

마티스는 특정한 프로젝트를 하고 있을 때, 스튜디오 바닥에 칠해진 종이 시트를 여러 종류 올려달라고 부탁하곤 했다. 그리고 특정 시트를 선택한 다음, 자르고 난 시트의 나머지 부분들이 바닥에 떨어지게끔 자르곤 했다. 커다란 형태의 것은 부드럽고 연속적인 절단을 위해서 마티스의 지시에 따라 보조원이 자르기도 했다.

마티스는 큰 가위를 이용해 작업했지만, 기존 컷아웃을 면밀히 살펴보면 다양한 사이즈를 사용했을 것으로 보인다. 어떤 것은 매우 큰 형태라 할지라도 한 장의 종이에서 잘려 있고, 다른 것들, 특히 많은 작품에 등장하는 별들은 최종 원하는 형태를 만들기 위해 많은 종이에서 잘려져 궁극적으로 원하는 형태로 조합되었다. 어떤 경우에는 여러 조각이 근소하게 겹쳐지기도 하고, 어떤 경우에는 큰 조각이 다른 조각과 겹쳐지기도 했다. 형태의 윤곽은 단순히 쌓여진 구조가 아니라, 예술가의 궁극적인 목표였다.

3 _ 고정하기(PINNING)

마티스는 자른 조각들을 고정하기 위해 핀아마도 바느질핀, 압정 그리고 가느다란 못을 사용했다. 작은 작품은 의자에 앉거나 침대에 누워 보드에서 작업했다. 작곡의 규모가 점차 커지면서 거실, 심지어 침실의 벽이 컷아웃의 버팀목이 되었다. 보조원들은 예술가의 지시에 따라 잘라진 형태들을 망치로 벽에 고정시켰다. 이 방법은 빠르고 쉬운 부착을 가능하게 했다. 위치는 쉽게 변경되고 다시 개조할 수 있었다. 컷아웃 작품에 남아 있는 수많은 핀 구멍들은 이러한 초기 장착과 위치 조정을 증명한다.

모나코의 몬테카를로 발레단Ballet Russe de Monte Carlo을 위해 1937~1938년 작업한 종이 오리기 디자인의 시각적 요소들은 꽤 여유롭다. 한 명은 서고, 한 명은 도약하며 어두운 푸른 땅을 배경으로 춤추는 두 명의 무용수들이다. 그러나 이 조각의 표면은 조각의 부조처럼 우툴두툴하고 잘게 썰려 있다. 색종이 조각들은 세 겹으로 깊게 층을 이루고 압정으로 받쳐져 있다. 조각들에 점점이 찍혀 있는 작은 구멍 자국은 각각 핀을 꽂고, 핀을 뽑고, 위치를 바꾸었다가 다시 핀을 꽂은 여러 번의 흔적이다.

4 __ 기록(TRACING)

새로운 작곡을 하거나 작품을 표구하기 위해서는 스튜디오 벽의 컷아웃 작품을 제거해야 했다. 이럴 때 마티스는 각 절단 형태의 배치를 정확하고 영구적으로 기록하기 위해, 이를 기록하는 추적을 했다. 형태가 중복될 때는 각 형태 뒷면에 번호를 매겼다.

5 __ 표구(MOUNTING)

1950년에서 1951년까지 마티스와 그의 조수들은 그들 나름대로 스튜디오에서 작품 표구를 직접 했다. 이 작업 이전에 작품이 판매되었을 때, '반점 풀칠spot gluing'이라는 기술로 이를 대체했다. 잘린 형태들은 작은 양의 접착제로 뼈대 종이에 붙어 있었다. 이 기법은 판자나 벽에 고정했을 때 보여주던 입체적인 생동감을 유지하면서 작품을 액자에 넣어 운반할 수 있도록 했다.

1952년 마티스는 샤갈을 통해 파리의 미술품 공급 및 복원 회사인 '루시엥 르페브르 푸아네Lucien Lefebvre-Foinet'를 소개받았다. 이 회사는 마티스 컷아웃을 장착해야 하는 특정한 필요에 따라 전통 회화에서 안감을 대는 작업을 수정했다. 컷아웃의 장기 보존에 대해 매우 염려하고 있던 마티스는 이 기술이 자신의 요구에 대한 만족스러운 대답이라고 느꼈다. 이 기법의 이점은 탑재된 컷아웃매우큰작품도을 안전하게 보존하고 프레임을 유지해 운반할 수 있다는 것이었다. 구아슈 표면은 어떤 신체 접촉으로도 마멸되기 쉬우므로, 마티스는 그의 작품에 유약을 바르길 원했다.

이 과정의 약점은 컷아웃이 스튜디오 벽에 고정되었을 때 가지고 있던 차원성dimensionality을 상실했다는 것이다. 이제는 미술 애호가나 구매자들이 종이로 만든 작품들이 일시적인 형태 비슷하게 유지되는 아이디어를 받아들이고 포용하게 되었지만, 컷아웃이 처음 등장하던 시절에는 상상할 수도 없었던 일이다.

6__안정성 및 열화(STABILITY AND DETERIORATION)

오늘날 관람자가 마티스의 컷아웃 앞에 서면 그 작품은 마티스가 창작할 때와 같이 보이게 될까? 가장 중요한 것은 구아슈를 칠한 색종이의 색채 안정성이다. 과학적인 분석은 각각의 특정한 구아슈는 그 나름의 안정성을 가지고 있다고 결론지었다.

어떤 색은 매우 안정적이고 어떤 색은 빛에서 빠르게 사라진다. 예를 들어, 주황색 계열은 안정성의 범위가 넓다. 마티스는 자신의 작업실에서 분홍색과 보라색 조각들이 시간이 지나며 희미해지는 것을 보았기 때문에 일부 색이 불안정하다는 것을 알고 있었지만, 그가 사용하고 있는 모든 색의 장기적인 안정성에 대해서는 알지 못했을 것이다. 또 어떤 때는 구아슈를 새로 칠한 종이와 오래된 종이를 골라서 마티스는 그의 작곡에 고르지 않은 색의 안정성을 도입했을 것이다.

자, 이제 다시 처음의 물음으로 다시 돌아가자. 왜 컷아웃인가? 이 새로운 고안과 발전은 마티스 평생의 예술적 실전을 규정하는 핵심 사상의 논리적 결과물이었다.

마티스는 내내 색과 선의 형식적 요소를 하나로 묶는 방법을 모색했다. 한편으로 그는 20세기 첫 10년 동안 그에게 야수파라는 명칭을 얻게 해준 비현실적인 팔레트에서부터, 1920년대 소위 '니스 시대'의 가벼운 실내 작품에 이르기까지, 그가 "색채에 의한 건설"이라고 묘사한 방식을 따랐다.

한편, 그는 매우 유동적인 아라베스크의 선으로 형체를 묘사하는 그림과 판화로 유명한 밑그림의 대가였다. "나의 라인 드로잉은 내 감정의 가장 순수하고 직접적인 번역이다"라고 그는 말했다. 컷아웃을 통해 그는 마침내 자신이 화가 생활 내내 연습해왔던 이 두 가지를 하나로 묶을 수 있었다. 그는 그것들을 '직접 색깔로 자르는 것'과 '가위로 그리는 것' 둘 다 보여주었다.

마티스가 컷아웃을 독립된 매체로 구상하기 몇 년 전, 그는 이 기술을 다른 매체의 작업을 실현하기 위한 편법으로 이용했다. 1919년 초, 스트라빈스키의 발레곡 〈나이팅게일의 노래Le Chant de Rossigno〉의 무대 장식을 디자인하기 위해 자른 종이를 사용했다.

또한 1930년대 초 앨버트 반스가 의뢰한 벽화 〈댄스 II〉를 제작할 때, 그는 넓은 지역을 색종이로 덮으면 자신이 덧칠해 그리는 것보다 더 효율적으로 변화를 만들 수 있다는 것을 알게 되었다. 1937~1938년에 그는 두 번째 댄스 작품인 〈적과 흑Rouge et noir〉을 디자인하기 위해 페인트칠을 한 종이를 자르고 핀으로 고정시켰다. 1940~1941년에도 그는 두 개의 그림 구성을 해결하기 위해 자른 종이를 사용했다.

1946년까지 컷아웃은 자율적인 예술 작품으로 여기지 않았지만, 이 기법을 통해 창작할 수 있는 토대가 마련되었다. 마티스는 컷아웃이 "제작에 오랜 시간이 걸렸다"면서 이를 비밀리에 전개해왔음을 인정했다.

마티스는 컷아웃이 자신 스튜디오의 벽에 펼쳐지는 몰입적이고 환경적인 작품이 되기 훨씬 전부터 이를 웅대한 규모로 창조하는 것을 꿈꿨다. 1942년 그는 작가 루이 아라공Louis Aragon, 1897~1982에게 "미래 삶에 대한 무의식적인 믿음, 즉 내가 프레스코화를 그릴 어떤 낙원"을 가졌다고 말했다. 1947년에는 "더 큰 공간, 정말 플라스틱 같은 공간"이라면서 이슬람 예술의 영향을 인정했다. 컷아웃 매체를 발명함으로써 그는 이젤에서 그리는 그림의 테두리를 초월하는 기념비적인 장식을 만들겠다는 야망을 성취할 수 있었다.

재즈, 재즈, 재즈

『재즈Jazz』는 1947년 파리에서 테리아데● 출판사에 의해 42×32.5센티미터의 큰 폴리오folio●● 볼륨으로 출판되었다. 20개의 컬러 지면은 마티스의 구

●　E. Tériade(1889~1983). 예술 평론가이자 후원가. 출판사를 직접 운영하면서 1937년부터 1975년까지 마티스, 피카소, 샤갈 등의 화집이나 관련 저작물을 출간했다. 샤갈과는 친구로 지냈다. 샤갈의 저 유명한 『서커스(Le Cirque)』 역시 이곳에서 나왔다.

●●　전지(全紙)를 둘로 접어 4페이지로 만든 인쇄물. 가장 큰 판형의 책이다.

아슈 컷아웃 작품 170장이 스텐실로 인쇄됐고, 마티스가 사용한 것과 같은 리넬 브랜드 구아슈 물감을 사용했다.

『재즈』는 형태들의 완전한 저장소였다. 깊은 울림으로 잘려진 많은 별들과 나뭇잎들, 해초들은 지면 전체에 걸쳐 마치 악극의 주악상主樂想, 음악의 주제나 이미지 등을 나타내며 라이트모티브라고 한다처럼 반복된다.

신기하게도 이와 같은 형태, 혹은 그들의 조상은 12세기의 채색 필사본인 『생 서버의 복자Beatus of Saint-Sever』에서 찾아볼 수 있다. 『생 서버의 계시록 Apocalypse of Saint-Sever』이라고도 불리는 이 필사본은 프랑스 남서부 아키텐 Aquitaine의 생 서버 수도원에서 복자福者들이 1028년부터 1072년 사이에 그린 일러스트 책이다.

우리는 마티스가 그의 작품을 석판화로 떠서 출판한 페르낭 무를로•를 통해 『생 서버의 복자』를 알고 있었다고 확신할 수 있다. 『이카루스Icarus』와 『재즈』의 도판들이 로마네스크 조각의 주요 원천 중 하나였던 빛줄기에 상당한 빚을 지고 있다는 사실은 의심의 여지가 없다. 마티스도 자신이 "살아 있는 색채를 조각하고 싶다sculpt the living colour"고 강조하지 않았던가?

남프랑스의 햇볕이 강렬하게 내리쬐는 1943년 무렵의 시미에에서, 그리고 나중의 방스에서 마티스는 자신이 그림에서 할 말을 다 했다고 느꼈다. 그리고 그는 자신의 병 때문에 색채를 다루기 어렵다는 것을 깨달았을 때, 구아슈로 미리 칠한 종이 한 장에 의지했다. 그는 그것을 원하는 모양으로 잘라

• Fernand Mourlot, 1895~1988. 20세기 프랑스 예술 포스터의 최대 인쇄업자이자 판화가. 마네나 마티스 등 거장 전시회의 국내외 포스터 제작을 담당했다. 특히 피카소와는 30여 년 동안 400가지가 넘는 그래픽 이미지를 담당했다. 〈황소〉는 무를로와 피카소가 만든 최초의 석판화다. 또한 테리아데 출판사의 표지와 삽화도 담당했다.

1947년 테리아데 출판사에 의해 출간된『재즈』.
마티스의 컷아웃 작품 〈재즈〉 시리즈를 인쇄한 기념비적인 책이다.

12세기 채색 필사본『생 서버의 복자』

낼 수는 있었다.

그 결과 그는 마치 루이 암스트롱Louis Armstrong이나 찰리 파커Charlie Parker처럼 자신이 보았던 서커스, 예전에 들었던 동화들, 자신의 여행에 대한 기억을 생생하고도 강렬한 이미지로 형성화시킬 수 있었다. 그것들이 '색채와 리듬의 즉흥연주improvisations in colour and rhythm'로 나타난 것이 바로 『재즈』 앨범이다.

색채와 리듬을 연결하기 위해 마티스는 그들의 대비점을 누그러뜨려야만 했다. 마티스는 『재즈』 후기에서 크고도 조화로운 필체로, 충분히 인상적인 구절을 남겼다.

> '살아 있는 색채를 조각하는 것은 조각가들의 직접적인 조각을 내게 연상시킨다. 나의 곡선들은 무모하지 않다⋯⋯.'

마티스는 정확한 음영으로 미리 칠해놓은 종이 한 장과 한쌍의 가위만으로, 그가 조화를 꾀하던 형태와 공간, 윤곽과 색깔, 구조와 통합의 문제를 해결했다. 게다가, 이 새로운 작업은 그가 과거에 종종 색깔과 색조의 관계에 희생해야 했던 선의 리듬과 형태에 대해 마침내 충분한 중요성을 부여할 수 있게 했다.

여기서 사실주의와 추상주의는, 추상미술의 일부 옹호자들이 염치없이 주장해왔듯 경솔함이나 어떤 현대적 시류에 편승하려는 유혹에서가 아니라, 마티스 자신의 논리에서 성장한 긴 여정의 끝에서 화해되었다. 마티스 자신이 "색채를 끌어냈다"고 했을 때 모든 모호성은 잠재워졌다.

마티스, 1947년, 〈서커스(Le Cirque)〉

그는 앙드레 레자르●에게 "나는 보다 무광택의, 보다 즉각적인 재료에 집중하고 있다. 그것들에게서 나는 표현의 새로운 수단을 발견한다. 종이 컷아웃은 내게 색채를 끌어낼 수 있게 해줬다. 내게 그것은 단순화의 문제다. 선을 그리고 색채를 그 안에 채워 넣는 대신에, 나는 색채를 즉각적으로 끌어내는데, 그것은 형태가 바뀌지 않기 때문에 더 정확하다. 내가 두 수단을 하나로 화해시킨 지금, 이 단순화는 내게 정확도를 보증한다. …… 그것은 시작점이 아니라 끝점이다"라고 말했다.

컷아웃이 처음 나왔을 때 '올림포스 신들의 놀이', '황혼의 어리둥절함twilight bedazzlement', '현자의 경박함' 등 성급한 비평들이 쏟아졌다. 심지어 마티스 사위이자 미술평론가였던 조르주 뒤트위●●도 "괴테가 에커만과 잡담을 나눈 사실●●●이나, 『마魔의 산』의 위대한 작가 토마스 만Thomas Mann이 미완성의 피카레스크 소설을 남긴 것에 비유할 수 있다"고 폄하했다.

설혹 마티스가 자신에 대한 설명에 조급해하거나, 자신의 서명을 점차 짧게 하는 것처럼 표현 수단을 축소하려는 경향의 나이 든 위대한 예술가 중 한 명이라고 해도, 수수께끼의 해답을 얻거나 묘비명을 얻은 것만은 틀림없는 사실이다.

『재즈』에 대한 국제적인 갈채에도 불구하고, 마티스는 처음 이에 만족하지 못했다. 아니, 거의 증오할 정도로 싫어했다. 왜냐하면 그가 디자인의 '감성

●   Andre Lejard, 출판 편집인

●●   Georges Duthuit, 1891~1973. 작가이자 예술평론가, 역사학자로 당대의 최고 예술인들과 폭넓은 교제를 했고 특히 사무엘 베케트와 가까웠다. 마티스의 사위다.

●●●   Johann Peter Eckermann, 1792~1854. 에커만은 독일 시인이자 작가로, 말년의 괴테와 나눈 대화를 기록한 『괴테와의 대화』가 유명하다.

sensitivity'이라고 하는 결의 불규칙성, 종이와 종이가 구성하는 깊이가 인쇄된 지면에서는 사라져버렸기 때문이다. 인쇄된 지면은 이들을 눌러 깨끗하게 만들고, 고대비 그래픽으로 처리해 완벽히 죽은 상태로 만들어놓았다.

그가 테리아데 출판사가 담당한 스텐실 프린팅에 익숙해지기까지는 시간이 꽤 걸렸다. 사실 그들이 아니었다면 그의 작품들은 복제될 수 없었다. 그 기술은 완벽하게 정확하지는 않지만 오늘날에도 유용하다. 이후 일부 컷아웃 작품들의 색상이 희미해졌기 때문에, 지금 우리는 테리아데의 스텐실로 마티스 색채의 '진실오리지널 색상'을 찾아본다.

마티스는 38세 때 쓴 『화가의 노트』에서 '표현expression'을 크게 강조했다. 그런데 1953년, 83세 때 쓴 『어린이의 눈으로 인생을 바라보다』라는 에세이에서는 '비전'에 대해 언급했다. 이 단어들이 그에게 의미하는 것은 예술가가 그의 가장 깊은 감정을 발견해 이를 형상화하기 위해 우리 '마음에 선입견으로 작용하는 이미 만들어진 이미지들의 홍수'를 꿰뚫는 능력이었다.

마티스는 "왜곡 없이 사물을 보기 위해서는 용기 같은 것이 필요하다"고 했다. 그는 "이 용기는 모든 사물을 마치 처음 보는 것처럼 받아들여야 하는 예술가에게 필수적이다"라고 말했다.

비전을 추구하는 이 끈질긴 노력, 즉 진실한 감정을 보다 쉬운 겉치레와 구별하려는 노력은 사실 마티스의 모든 예술론에서 되풀이되는 주제다. 따라서 그의 글은 일반적으로 문화를 느끼는 잘못된 관습과 예술가의 지나간 성취에 굴복시키려 하는 습관에 저항하는 투쟁의 감정에 대한 자연적인 역사를 구성한다. 마티스가 보존하고자 하는 것은 예술가의 진보적인 인식의 자유, 즉 그를 관습과 대립하게 하는 자유다.

『재즈』에 실린 〈재즈 시리즈〉

이 자유, 그리고 그것이 자연스레 부딪히는 위협에 대해 『재즈』보다 더 웅변적으로 말하고 있는 곳은 없다. 다음은 이 책의 '부케The Bouquet'라는 섹션에 등장하는 대목이다.

> "정원에서 산책을 할 때 꽃을 하나씩 꺾어서 하나씩 팔굽 안에 모아 넣는다. 그러고는 그것들을 그리고자 집 안으로 들어간다. 그러나 내 방식대로 재배열하고 나니 그들의 매력은 모두 사라져버려 정말 실망스럽다. 무슨 일이 일어났는가? 나를 꽃에서 꽃으로 이끌었던 무의식은 의식적인 배열로 대체되었다. 그것은 내 기억 속에 남겨졌던, 오래전에 사라져버린 부케의 지나간 매력이 새로운 꽃다발에 부담을 얹은 것이다. 르누아르가 내게 말했다. '나는 그림을 그리려고 꽃다발을 준비할 때, 꽃다발을 주선했을 때, 내가 보지 않았던 쪽으로 돌아간다.'"

살아 있는 색 조각하기
(Sculpting the Living Colour)

마티스는 프랑스 북동부의 공업 중심지에 있는 섬유 마을에서 자랐다. 그는 포목상 아들이자, 린넨 직조공의 손자였다. 그의 집에는 항상 재료가 있었고, 견본 천 조각에 둘러싸여, 서로 다른 질량감과 주름을 가진 천들의 유동성fluidity을 잘 이해하고 있었다. 많은 천으로 가득 채워진 듯한 그의 그림은 때때로 함께 짜인 것 같고, 색채는 구성을 통해 앞뒤로 흐르고 있으며, 핀과 종잇조각을 포함하는 컷아웃은 형태와 미리 재놓은 조각들을 맞춘다.

물론 마티스가 고안한 방법은 분명 간단해 보인다. 컷아웃은 마치 우리 모두가 할 수 있는 것처럼 보이지만, 그 개방적인 단순함이 그들 매력의 필수적 요소다. 별 모양은 어린아이도 그것을 만들 수 있을 것처럼 세 조각 이상일 필요가 없다. 벌떼는 여름 나뭇잎에서 맴도는 곤충들처럼 노랑, 흰색, 녹색 사이에 검고 하얀 작은 사각형 점들로 찍혀 있다.

그러나 숫자, 크기, 색상, 대칭, 균형, 배열은 세밀한 계산으로 꼼꼼하게 판단된 것이다. 이런 설계가 별들을 빛나게 하고 별들을 윙윙거리게 만드는 것이다. 그것은 온 생을 예술 속에서 살아온 사람의 달관의 경지다.

방스 스튜디오에서 마티스는 완벽한 균형이 이루어질 때까지 핀과 트랙을 사용하여 가위로 자른 요소들을 이리저리 옮기는 조수의 도움을 받아 벽에 직접 작곡을 했다. 때로는 한두 개, 때로는 수십 개씩 펼쳐진 이런 조각들은 이제 유리 뒤의 지지 판에 영구히 놓여 있지만, 마티스가 작업하는 동안에는 창문으로 들어온 기분 좋은 공기 속에서 퍼덕였다.

비록 그들은 자신이 잘린 윤곽 안에서 그 순간을 가만히 간직하고 있지만, 그 형태들은 다양한 관점에서 움직이고 성장하는 꾸밈새를 갖는다. 그들은 각각 춤추고, 하얀 배경에 리듬을 형성하고, 운율과 결합을 배가시킨다. 팔은 연잎과 같고, 꽃은 손가락과 같으며, 물속 해초를 닮았다.

마티스의 새로운 매체가 그에게 준 것은 순수하고 무광택의 수정되지 않은 색깔이었다. 각 종잇조각은 크기나 색에 상관없이, 이 점에서 평등하고, 우선순위는 없다. 붓 자국이 있는 것도 있고, 없는 것도 있으며, 신랄하도록 재기가 넘치는 형태다. 각각의 모양은 각자의 생명력을 가진 자율적 존재로 느껴지며, 상쾌한 개성을 유지한다. 그들은 하얀 배경을 바탕으로 혼자 혹은 함께 노래한다. 배경은 하얗지만 결코 활력이 없지 않으며 역동적인 그림의 일

마티스, 1947년, 〈이카루스〉, 퐁피두센터 소장

마티스, 1952년, 〈푸른 누드(Blue Nude) I〉.
퐁피두센터 소장

마티스,
〈푸른 고양이〉

부분이 된다.

마티스는 어렸을 때부터 가위에 아주 능숙했다. 테이트모던미술관의 그의 희귀한 전기 영화에서는 그가 양복점 가위로 빳빳한 파란 종이를 쓸고 다니는 것을 보여준다. 어린 시절부터 노년까지 그의 예술은 순수하게 연속적이다. 이 큰 작품들은 한때 마티스의 파리 아파트 벽면에 있었다. 춤추는 제비, 은빛 불가사리, 산호의 잎, 웃는 돌고래나 우스꽝스러운 대구와 같은 생물들이 함께 같은 공간에서 헤엄치고 있었다. 이 허약하기 짝이 없는 형체들이 벽에서 올라가거나 움직일 때 느끼는 상상만으로도, 마티스는 오세아니아, 파리 아파트의 하늘, 방스의 에덴천국을 결합시켰다.

마티스는 단순히 색종이가 아니라 우주를 자르고 있었다. 그는 가위질 그 자체가 "비행의 감각과 같은 선형線形의 그래픽"이라고 말했다. 그런 감각이 작품에서 드러나면서 관객에게 그에 상응하는 즐거움을 선사한다.

유명한 〈블루 누드의 4중주Quartet of Blue Nudes〉는 마티스가 82세였던 1952년에 만들어졌다. 그는 움직일 수 없었고, 크지만 찢어지기 쉬운 이 조각들을 벽에 배열할 수도 없었다. 그의 전기 영화는 조수들이 그의 지시에 따라 조각들을 옮기고 심지어 그가 가위질을 하는 동안 종이 시트를 들고 있는 모습을 보여준다.

그러나 이 절단 작업은 매우 대담하고 또 미묘해서, 인물들의 밝은 파란색 형체 둘레에 흰 공간을 도입한다. 자르는 행위는 윤곽을 그리는 것에서부터 형태를 직접 잘라 조각하는 것까지 다양하다. 마티스는 그것을 "공기를 통하게 하는 일aeration"이라 불렀다.

모든 그래픽 작업의 기록부를 가지고 있는 누드 시리즈 작업은 현실 작품보

작품을 직접 보기 전에는 그 크기를 가늠하기 어렵다.
마티스, 1953년, 〈달팽이(The Snail)〉, 테이트모던미술관 소장

다 복제한 것이 더 유명하다. 그러나 앞에서도 말했듯 마티스는 그의 컷아웃 인쇄본에 대해 대부분 불만족스러워했다. 그의 컷아웃 전시회 작품을 1947년 그의 책 『재즈』에서 그가 만든 '역동적인 서커스 컷아웃의 행렬'이라 할 수 있는 인쇄본과 비교해보면 그 이유를 알 수 있다. 가위질과 접착제는 평평한 석판화가 허용하는 것보다 훨씬 더 많은 뉘앙스와 대조를 만들어낸다. 인쇄본 페이지의 희미하지만 누런 색깔이 특정 형체의 뒤에서 마치 후광처럼 번져 있는 것을 감지하는 일은 결코 낭만적이지 않다.

이 사실이 가능하다면, 미술관에서 컷아웃을 봐야 하는 중요한 이유다. 또 다른 이유는 작품의 규모다. 그 어떤 인쇄물도 최종 컷아웃의 거대한 크기, 벽면 전체에 걸쳐 번식하고 자라나는 유기적 형태와 비교할 수 있는 것은 없다. 그는 또 사과, 꽃, 잎사귀 등 가장 단순한 모티프들도 내숭을 부리지 않고 소박하게 보여주었다. 이것들은 매우 응축된 기쁨의 표상이다. 그것들은 아무리 복잡한 배열이라 할지라도 그들 자체의 단순한 즐거움을 결코 초과하거나 훼손하지 않는다. 마티스는 병상에 누워 그들을 자신의 정원이라고 불렀다.

실제로 1946년의 〈리라Lyre, 고대 발현악기〉 같은 초기 발아기 작품부터 실제 크기의 야자수와 거대한 아칸서스acanthus●가 등장하는 후기 개화기 작품까지 섞여 있는 전시회는 그 자체로 자라나는 유기체처럼 보인다.

아칸서스 작품을 자세히 살펴보면 수천 개의 핀 자국이 나 있다. 컷아웃은 가위질만으로 끝나는 것이 아니라 조각들 사이의 관계가 정확히 맞을 때까

● 지중해 연안에서 자생하는 가시가 있는 다년초 식물. 그리스 코린트 양식 기둥머리에도 이칸서스 등의 잎사귀 장식이 들어간다.

지 수십 번 반복해서 시험해보는 핀 작업pinning이 필요했던 것이다. 바로 이것이 삶에 대한 교훈이자, 관객에게 주는 영감이다. 이는 우리가 심지어 생애의 마지막 순간에도 삶의 아름다움을 여전히 열망하고 즐겨야 한다는 점을 알려준다.

마티스, 〈튜바(Tuba)〉

40년 차이 나는 모델이자 연인 리디아

부인 아멜리는 마티스를 1939년 이후로 보지 못했다. 마티스가 종이 오려붙이기의 놀라운 창의성이 폭발하기 직전에 그들은 헤어졌다. 대신 마티스 옆에는 그보다 40살 어린 리디아가 있었다.

사실 리디아는 아멜리가 직접 고용했다. 〈댄스 II〉를 제작하는 데 필요한 종이 실루엣을 도려내는 작업에서 마티스를 돕는 조수가 필요해져 러시아 이민자 커뮤니티에서 22세 여성을 뽑은 것이었다.

리디아는 시베리아에서 고아가 된 의사의 딸이었다. 놀라운 의지의 힘으로 그녀는 1917년 볼셰비키혁명에 이은 무자비한 내전에서 살아남아 13세 때 이모와 함께 고향 톰스크Tomsk에서 중국으로 탈출한 뒤 파리로 진출했다.

아름답고 매우 단호한 심성의 리디아는 그림에 대해서는 거의 알지 못했지만, 매우 힘들고 어려운 국면을 극복해 나아가는 모든 것을 알고 있었다. 리디아는 스튜디오 보조와 가정부로 일을 시작했고, 이제 기력이 쇠하기 시작한 65세 마티스 앞에 25세의 모델이 되어 앉았다.

1940년대와 1950년대에 마티스와 가깝게 지낸 한 사람, 에메 마그*는 한 예술가와 뮤즈 사이의 감정의 강도를 잘 기억했다. 에메는 마티스의 친구이자 그의 그림을 취급하는 딜러였다. 어렸던 아드리앙 마그^{Adrien Maeght, 1930~} 역시 정기적으로 화가의 작업실을 방문했다.

아드리앙은 자신의 기억 속 리디아에 대해 이렇게 말했다.

> "그녀는 정말 친절하고 매력적이었지. 매우 이국적인 러시아 억양으로 프랑스어를 말하는 그녀는 정말 아름다웠어."

어느 날 리디아가 자신의 팔에 머리를 기대는 모습을 본 마티스는 "움직이지 마!"라고 소리치고 그녀를 그리기 시작했다. 리디아는 묘하게도 그 순간부터 마티스를 경계하지 않게 되었다고, 나중 아드리앙 마그에게 말했다.

처음 리디아에게 마티스는 일에 미친 매우 겁나는 인물로 비쳐졌다. 리디아는 나중에 "나는 점차 적응하기 시작했고, 결국 그의 작품에 관심을 갖기 시작했다"고 회고했다.

마티스는 삶을 진리와의 전쟁으로 보았듯, 예술도 역시 그랬다. 마티스는 젊어서부터 싸워왔다. 그림 그리는 직업을 희롱한 자신의 아버지와 맞섰고, 6살 때 마거리트를 거의 죽일 뻔했던 디프테리아**와도 맞섰으며, 그를 이해

---

* Aimé Maeght, 1906~1981. 파리와 바르셀로나, 생폴 드 방스에서 갤러리를 운영했고, 제2차 세계대전 시기에 제작된 마티스의 그림은 모두 그의 손을 거쳐 판매됐다. 나중에 생폴 드 방스에 마그재단미술관을 개관했다.

** 디프테리아균의 외독소에 의한 전염력이 강한 급성 감염 질환

1944년 스튜디오에서의 마티스와 리디아.
사진작가 브레송(Henri Cartier-Bresson)이 찍었다.

하지 못하고 작품을 조롱한 비평가들과도 맞서야 했다. 그런데 나이가 들어서는 점점 더 나빠지는 자신의 건강 악화에 맞서고 있었다.

마티스와 아멜리는 결국 리디아에게 새로운 감각의 힘과 목적을 주는 협업을 한 것과 마찬가지였다. 스튜디오 매니저와 모델들을 관리하는 일은 마티스에게 그림이 그랬던 것처럼, 리디아 삶의 중심이 되었다.

마티스의 전기 작가 힐러리 스펄링은 리디아를 여러 번 인터뷰하면서 관찰한 사실을 다음과 같이 기술했다.

> '그녀는 군대를 운영할 수도 있었을 만큼의 놀라운 능력을 가지고 있었다. 그녀는 스튜디오를 운영하고, 모델을 조직하고, 딜러들과 구매자들, 갤러리를 다루었다. 모든 것이 시계처럼 작동했다.'

금발에 높은 슬라브 광대뼈를 가진 푸른 눈의 리디아는 훗날 자신의 예술적인 작품 사진들을 실은 책을 마그가 출판했을 때 그를 위한 안내 글에서 자신은 마티스가 평소 좋아하는 유형은 아니었다고 썼다.

마티스는 리디아 초상화를 여러 차례 그렸다. 일이 뜻대로 되지 않으면 그는 매우 안달복달했다. 그는 중산층 출신의 리디아가 충격을 받을 정도로 욕을 해댔고, 그러면 그는 자신을 진정시키기 위해 담배를 피우러 나가곤 했다.

힐러리 스펄링은 이 시기에 마티스가 '가슴으로 리디아의 얼굴과 몸을 마치 알파벳처럼 알게 되었다'고 썼다. 아멜리가 곱씹지 않을 수 없는 일이다.

리디아는 점차 모델 역할을 중단하고 마티스의 창의적인 파트너가 되었다. 그것은 지난 40년 동안 아멜리가 해왔던 일이었다. 이는 아멜리에게 매우 큰 고통이 되었고, 그래서 그녀는 마티스에게 자신과 리디아 둘 중에서 하나를 선택하라고 요구했다. 마티스는 어쩔 수 없이 와이프를 선택했다.

리디아는 자신을 바친 남자를 잃을지도 모른다는 생각에 절망에 빠졌다. 그녀는 자신의 가슴을 총으로 쏘려는 시도도 했다.

마티스가 비록 아멜리에게 돌아갔다고 해도, 결혼 생활에 미친 피해는 돌이킬 수 없는 것이었다. 아멜리는 그에게 이혼을 요구하는 극단적인 조치를 취했다. 1939년 부부는 파리의 가레 드 리옹Gare de Lyon 역의 카페에서 조건에 합의했다.

마티스는 점점 더 건강이 나빠졌고, 그의 조국은 다시 전쟁에 돌입해 자신의 삶을 온전히 지탱하기 힘들다고 생각한 마티스는 리디아에게 돌아와달라고 요청했다. 그녀는 나치 군대가 파리에 들어왔을 때 간신히 돌아왔다. 두 사람은 남쪽의 니스로 도망쳤지만, 국가적 재난과도 같은 불행이 뒤따랐다. 1941년 8월 마티스는 대장암 진단을 받았다.

다행히도 마티스는 창자의 일부를 떼어내는 매우 거친 수술에서 살아남았다. 이로 인해 인공항문을 달고 휠체어에 의존해야 하는 수모를 겪게 되었다. 게다가 전쟁의 힘든 상황이 그를 점점 리디아에게 의지하게 만들었다.

식량도 부족해지고 비시Vichy 친독정권에 의해 언제 체포되어 억류될지 모르는 상황에서도 리디아는 마티스를 위한 신선한 채소를 사기 위해 몇 시간씩 걸었다. 마티스와의 관계를 잃는 것보다 자살하는 쪽을 선택할 정도로 마티스에 대한 강한 그녀의 헌신과 결의는 마티스의 건강이 매우 악화되었을 때도, 나치가 프랑스를 점령한 전쟁의 괴로움 속에서도 유지되었다. 세상은 이를 통해 그들의 관계가 얼마나 깊은지 알게 되었다.

마티스 작업을 돕고 있는 리디아

리디아에게 매료된 어린 아드리앙 마그는 그녀를 기꺼이 도와주면서 행복해 했다. 마그는 "아버지가 몰래 소를 샀기 때문에 병든 동생이 신선한 우유를 먹을 수 있었다. 나는 매일 아침 마티스를 위해 약간의 우유를 가져갔다"고 회상했다.

1943년 연합군의 폭격을 받으면서 더 이상 니스에 머물기 힘들어진 마티스는 인근 내륙의 산속 마을인 방스의 르 레브 별장을 새로 구입해서 이사했다. 스튜디오를 잘 골랐기 때문에 마티스의 1층 방에서는 〈석류가 있는 정물화〉에 등장하는 야자수들이 잘 내려다보였다. 여기서 그는 리디아의 초상화를 그리곤 했다. 오래전에 그가 아멜리를 초록색으로 그린 것처럼, 리디아의 얼굴을 파란색과 노란색으로 칠했다.

그러나 방스 역시 곧 폭격을 당했고, 전쟁이 히틀러에게 불리하게 돌아가는 상황에서 나치 독일군이 프랑스 남부 지역을 점령했다. 담석과 황달에 시달린 마티스는 집 1층에 세워진 독일군 초소를 발견하고 충격을 받았다. 외국 군대의 병사들 군화들이 내는 소음이 스튜디오 창문 아래 계단에서 울려 퍼졌다. 게다가 딸 마거리트와 아들 장이 레지스탕스를 위해 일한다는 사실을 알게 된 마티스의 염려는 커지기만 했다.

70대 중반이 되어 이제 자신이 완전히 이해하려고 애쓰는 사안들에 영향을 미칠 힘도 없어진 상태에서 마티스는 재단사의 천 가위를 사용하여 다시 '컷아웃'으로 돌아섰다. 그가 제작한 100편의 작품은 1947년 『재즈』라는 책으로 출간됐다. 이 중에서 이 책의 표지에 실려 가장 잘 알려진 〈이카루스〉는 밤하늘에서 떨어지는 한 남자를 보여준다. 주변의 노란색 폭발은 별일 수도 있고 마티스가 빌라 르 레브에서 볼 수 있었던 남부 지역의 폭격일 수도 있는

데, 이는 그가 사랑하는 모든 것을 위협하는 전쟁의 상징이다.

1944년 4월 레지스탕스를 위해 문서를 타이핑하던 아멜리와 마거리트가 체포되었다. 아멜리는 프랑스가 해방되기 전 남은 몇 달 동안 교도소에 갇혔다. 그러나 마거리트는 게슈타포에게 고문을 당한 다음, 베를린 북부의 라벤스브루크Ravensbruck 여성 수용소로 보내는 기차에 태워졌다.

그녀는 더 많은 고문을 받고 심지어 처형당할 수도 있었지만, 연합군 폭격으로 열차가 멈추었고 마거리트는 안전하게 빠져나올 수 있었다. 큰 시름에 빠져 있던 마티스는 이 소식을 듣고 기적이라고 기쁨에 겨워 울부짖었다.

마침내 전쟁이 끝나고 마티스는 컷아웃 과정에 몰두하면서 자신의 병약함과 깊은 우울증을 물리쳤다. 1950년 그들은 니스의 레지나 스튜디오로 다시 돌아왔다. 그들이 전쟁으로 폐허가 된 프랑스 여행을 시작할 때 마티스는 리디아의 여행용 두건에 그녀 그림을 그렸다. 리디아는 위대한 뮤즈, 모델, 매니저 그리고 그의 여생의 마지막에 곁에 있는 동료였다. 리디아는 마티스의 지시대로 구아슈 페인트를 섞고 셀 수도 없이 많은 종이들을 칠할 여성 조수들을 모집했다.

마티스는 종잇조각들을 핀으로 벽에 붙이면서 유기적인 형태의 벽 정원을 만들었다. 그는 이 모양들을 바꾸면서 끊임없이 새로운 작곡을 시도했다. 참으로 즐거운 그림 작업이었다. 재즈와 마찬가지로 그것은 새로운 창작 방법을 발견한 예술가의 움직임과 자유로 가득찼다.

젊은 마그에게는 레지나 스튜디오를 방문하는 것이 멋진 경험이었다. "그는 내게 매우 중요한 사람이었다. 나는 단지 소년이었을 뿐이고, 아직 인생에 대해 아무것도 알지 못했기 때문에, 나는 그를 아주 경외하고 있었다"라고 나

마티스, 1947년,
〈리디아 델렉토르스카야의 초상(Portrait of Lydia Delectorskaya)〉,
에르미타주미술관 소장

중에 회상했다.

"마티스는 늙었지만 여전히 잘생겼고 환상적인 수염을 기르고 당당했다. 리디아는 그를 매우 잘 대해줬고, 그녀는 모든 것을 이루었다."

"나는 그녀와 사랑에 빠졌지만 우리 중 많은 이들이 리디아를 사랑했다. 특히 마티스는. 리디아도 그를 사랑했을까? 물론 그녀는 마티스를 사랑하고 있었다! 그녀가 하는 모든 일에서 이를 볼 수 있었다. 그녀가 그의 주위에 있는 방식을 보면 그게 아주 분명했다."

마티스는 리디아에게 빚진 것이 무엇인지를 잘 알고 있었으며, 그녀가 찾을 수 있도록 하트로 장식한 카드를 아파트 주변에 남겼다. 그러한 암시를 고려할 때 그들이 '성적 관계'였는지 의심하는 것은 당연하다.

누워 있는 누드와 같은 초기 그림들은 예술가들과 모델들 사이의 육체적 관계를 암시하지만, 리디아는 항상 그것을 부인했다. 화가들은 종종 그들의 모델들과 섹스를 하지만, 리디아와 마티스의 관계는 그것보다 더 심오한 형태였고, 그래서 아멜리가 더욱 견디기 힘들었을 것이다.

1950년 이후 마티스는 〈왕의 슬픔The Sorrows of the King〉, 〈크레올 댄서Danseuse Creole〉, 〈달팽이〉 그리고 〈가면이 있는 대형장식Large Decoration with Masks〉과 같은 대담한 걸작을 연이어 만들어내는 놀라운 창조력의 분출을 보여주었다. 이는 병약함이 그의 능력을 장악하고 있을 때에도, 창조의 취미를 재발견하며 다시 태어난 한 남자의 활기찬 작품이다.

1953년의 한 사진은 레지나에서 〈라 네그레스ª Negresse〉를 완성하기 위해 작업 중인 예술가를 보여준다. 맨발로 휠체어를 탄 마티스는 일에 몰두한다. 주위 바닥에는 오려진 종잇조각들이 널려 있고, 한 여성 조수가 무생물 물질로부터 태어난 노인의 '가위의 삶'을 바라본다.

1954년 11월 3일, 84세 나이의 마티스는 레지나에서 치명적인 심장마비를

마티스는 색종이를 오리는 게 아니라, 우주를 오린 것이었다.

일으켰다. 그의 마지막 창작 행위는 리디아가 그의 병상 옆에 앉아 있는 모습을 그린 초상화였다.

"그가 죽었을 때 그녀는 가방을 싸서 갔어."
마그가 말한다.
"그뿐이야. 그녀에게는 모든 것이 끝났지."

코트다쥐르 아침의 푸른빛은 색에 대한 우리의 개념을 바꾼 한 남자가 이 세상을 덮었다는 사실을 상기시킨다. 아멜리는 마티스와 같은 무덤에 있다. 생전에 잃어버렸던 남편을 죽어서 재회했다. 거기에 리디아의 흔적은 없다. 리디아는 파리에서 사망했지만, 묘지는 러시아 상트페테르부르크에 있다. 마티스를 총망라하는 뉴욕 현대미술관MoMA의 1992년 '마티스 회고전'을 시작으로, 그는 오랫동안 피카소가 차지해왔던, 록스타와 같은 명성을 누려왔다. 그는 손댈 수 없는 존재가 되었고, 피카소가 자주 그랬던 경우처럼 심지어 그가 키치Kitsch 쪽으로 방향을 틀었을 때도 아무도 그를 탓하지 못했다.

그러나 사람들이 만약 마티스의 불면과 높은 긴장감, 매우

니스시미에 공동묘지에 있는
마티스의 묘지

마티스, 1952년, 〈앵무새와 인어(The Parakeet and the Mermaid)〉.
스테들릭미술관 소장

불편한 상태에서 나온 작품의 역사, 즉 작품의 핀pin 자국, 자른 흔적, 겹쳐 쌓은 것, 쥐어뜯은 형태, 수정 작업들을 주의 깊게 볼 수 있다면 마티스의 부드러움은 강인함에서 나온다는 사실을 알게 될 것이다.

〈오세아니아의 추억Memory of Oceania〉이나 〈달팽이The Snail〉, 구부리고, 접고, 얽히게 한 〈푸른 누드Blue Nude Ⅳ〉 같은 후기 작업을 보면, 그의 천성적인 집요함과 자신에 대한 엄정함이 그를 높은 수준으로 이끌고 올라갔음을 알 수 있다. 확실히 그는 대가다. 어떤 고통이 따르더라도, 그는 작품을 사랑으로 만들었다.

마티스는 시인으로 보자면 키이츠Keats나 말라르메Mallarmé와 같다. 늦가을의 나무에서 나뭇잎들이 떨어지듯, 그의 컷아웃에서는 새와 꽃들이 날아오른다. 그것이 그가 추구했던 예술과 삶의 균형이다.

프랑스 예술계에 지대한 영향을 미친
루이 15세의 애첩 퐁파드르 부인을 형상화한 1951년 그림
〈마담 드 퐁파드르(Madame de Pompadour)〉

Henri Matisse

The Cut Outs

"Zulma"
1950

In the late 1940s, Henri Matisse turned almost exclusively to cut paper as his primary medium, and scissors as his chief implement, introducing a radically new operation that came to be called a cut-out. Matisse would cut painted sheets into forms of varying shapes and sizes—from the vegetal to the abstract—which he then arranged into lively compositions, striking for their play with color and contrast, their exploitation of decorative strategies, and their economy of means. Initially, these compositions were of modest size but, over time, their scale grew along with Matisse's ambitions for them, expanding into mural or room-size works. A brilliant final chapter in Matisse's long career, the cut-outs reflect both a renewed commitment to form and color and an inventiveness directed to the status of the work of art, whether as a unique object, environment, ornament, or a hybrid of all of these.

October 12, 2014–February 8, 2015

MoMA
**The Joan and Preston Robert Tisch Exhibition
Gallery, sixth floor**

11 West 53 Street, New York, NY 10019

http://www.moma.org/

뉴욕 현대미술관에서 열린 '마티스 컷아웃' 전시회 포스터

마그재단

1964년 7월 28일 저녁, 마그재단. 당시 프랑스 문화부장관인 앙드레 말로André Malraux, 1901~1976 ●는 마그와 마가렛 어린 손녀들에게 재단이 수여하는 행운의 열쇠를 받는다. 밤하늘의 별 아래에서 이브 몽땅Yves Montand, 1921~1991 ●●은 친구 자크 프레베르 Jacques Prévert, 1900~1977 ●●●의 시를 노래하고, 엘라 피츠제럴드Ella Fitzgerald, 1917~1996 ●●●●는 노래로 관객을 유혹했다. 그 자리에 에메 마그는 모든 예술적 감성을 섞었다. 그날 문을 연 마그재단은 예술가들에게 헌정된 최초의 현대 예술 장소가 되었다.

마그재단은 20세기 예술의 그림, 조각, 그래픽 작품 중 가장 중요한 소장품들을 소장하고 있으며, 명성 높은 예술가들이 이 컬렉션의 선두에 있다. 샤갈, 미로Joan Miro, 자코메티

● 소설가. 대표작으로 『인간의 조건』, 르포르타주 소설의 걸작 『희망』 등이 있다.
●● 〈고엽(Les Feuilles Mortes)〉으로 유명한 영화배우이자 가수
●●● 시인. 〈고엽〉은 원래 그의 시다.
●●●● 그래미상 수상에 빛나는 '재즈의 여왕'. 빌리 홀리데이, 사라 본과 함께 미국 재즈의 황금기 1940~1960년대를 풍미했던 여성 재즈 보컬리스트 전설의 3대 디바 중 한 명이다.

Alberto Giacometti, 칼더Alexander Calder, 브라크Georges Braque, 보나르Pierre Bonnard……. 그중에는 자코메티의 62개 조각상, 미로의 150개 조각상, 세계에서 가장 큰 샤갈의 그림 4점이 있어서 매년 20만 명이 넘는 사람들을 부른다.

마그재단은 1946년 파리에서 문을 연 마그재단미술관이 기반이 되었다. 마그재단미술관은 당시 가장 주목을 받았던 칸딘스키Wassily Kandinsky, 레제Fernand Léger, 마티스, 보나르, 브라크, 자코메티, 샤갈, 미로, 칼더의 작품을 독점으로 전시했다.

또한 마그재단미술관은 화가의 석판화집이나 작가들의 인문 출판을 전문으로 도왔다. 당시 이들의 고품질 인쇄물은 예술가들이 직접 서명한 수십 권의 사본으로 제한되었는데, 그렇게 출간된 화집이나 책 종류가 1만 2,000개가 넘었다. 아마 당시 가장 큰 석판화 출판사였을 것이다. 미로나 칼더, 미셸 타피에Michel Tapie 등 화가뿐만 아니라, 프레베르, 앙드레 말로와 장 지오노Jean Giono 등 작가들의 책이 이곳에서 출간됐다.

마그는 그림뿐만 아니라, 글쓰기의 아름다움과 예술적 기록에도 주목한 매우 인문적인 사람이었다. 그리하여

각종 조각으로 가득찬 마그재단의 뜰

1946년부터는 자신의 미술관에 전시한 예술가들에 대한 학술지인 저 유명한 「거울 뒤Derrière le miroir」를 발행하면서 그 작업에 작가들과 시인들을 참여시켰다. 그 이전에도 그는 두 개의 시 잡지를 출간했다.

에메 마그는 님Nîmes의 에콜 데 보자르Ecole des Beaux-Arts에서 예술과 음악, 석판 인쇄술을 공부했다. 그는 1930년에 처음 니스에 가게를 열었는데, 피에르 보나르Pierre Bonnard, 1867~1947가 모리스 슈발리에Maurice Chevalier, 1888~1972 연주회에 사용될 자신의 판화 인쇄를 요청하면서 예술가들과의 인연이 시작됐다. 마그는 보나르의 인쇄물을 가게 쇼윈도에 걸어두었고, 유명세를 타기 시작했다. 그가 파리의 테헤란로Rue de Teheran에서 미술품 딜러로 공식 데뷔한 것은 1945년, 제2차 세계대전이 종료된 때였다. 전쟁 중 보나르의 소개로 마티스를 만나 그의 모든 그림을 도맡아 판매한 것이 그 출발점이었다.

현재 마그재단은 생폴 드 방스의 입구에 자리잡고 있다. 마을 전체가 갤러리라 할 수 있는 방스의 대표 미술관이라 할 수 있다. 그 역시 샤갈처럼 생폴 드 방스에 묻혔다.

프랑수와즈 질로가 본 마티스와 컷아웃

다음의 글은 마티스의 '종이 오려붙이기^{cut outs}' 작품의 2014년 뉴욕 전시를 앞두고 로버트 머피^{Robert Murphy}가 피카소의 정부이자 유명한 화가인 프랑수와즈 질로^{Françoise Gilot}와의 인터뷰를 통해 마티스에 대한 생각을 정리한 것으로, 「월 스트리트 저널」 그해 10월 27일자에 실린 내용이다.

마티스는 색채의 왕이었다. 나는 피카소와 함께 1946년 2월, 그가 방스에 있는 빌라 르 레브에서 살고 있을 때 처음 그를 만났다. 나는 그의 집이 밝을 것으로 예상했지만, 가장 적은 양의 빛만 들어오도록 셔터를 당겨서 닫았다. 그 어둠은 완전히 놀라운 일이었다. 첫 번째 방에 들어서자 커다란 새장이 있었다. 나는 '햇볕도 쬘 수 없는 불쌍한 작은 새들'이라고 생각했다.

사람들이 기대하는 것의 반대는 항상 흥미로운 법이다. 나는 그를 이해하기 시작했다. 마티스는 어느 순간 자신이 실명하는 것을 두려워했다. 그러므로 그는 자신의 시력을 보호하려 했다. 그리고 이상하게도, 어둠 속에서도 사물이 나타나면서 하나씩 보이기 때문에 사물이 가장 잘 보이는 것은 거의 완전한 어둠 속에 있을 때다.

마티스의 비서 겸 모델 리디아 델렉토르스카야가 우리를 그의 방으로 안내했다. 그는 침대에 누워 있었다. 그의 스웨터는 초록색이었다. 그것은 그의 뒤쪽 벽에 있는 보라색 목재가구와 잘 어울렸다. 마티스에 관한 사실 중 하나는 초록색이 항상 보라색과 함께 어울려 나타난다는 것이다. 그가 그림 그리는 방식처럼, 그의 사는 모습을 보는 것은 흥미로웠다. 그의 집의 방문은 그의 우주에 들어가는 것이다.

파블로는 나를 젊은 화가라고 소개했다. 그는 우리 사이의 특별한 관계를 말하지 않았다. 이 사실을 전혀 모르는 마티스는 "아, 당신의 초상화를 그려주겠다. 피부는 엷은 파란색, 머리는 짙은 녹색이 될 것이다"라고 말했다.

우리가 집을 떠나고 난 다음 피카소가 말했다. "배짱도 좋네. 당신 초상화를 그린다고 하다니 말야. 나는 어떻게 하라고."그때까지 파블로는 아직 나에 대한 어떤 그림도 그리지 않고 있었다. 나는 "당신이 내 초상화를 그려본 적이 없는데 당신이 내게 관심이 있다는 사실을 마티스가 어떻게 알겠어요?"라고 했다. 마티스와의 만남은 꽤 재미있는 시작이었다.

그해 말에 마티스는 내 초상화를 그렸다. 그는 작은 초록색 종이 한 장과 불그스름한 보랏빛 종이 한 장을 가져왔고, 커다란 아라베스크를 잘라 중앙에 놓았다. 그런 다음 그는 검은 종이를 가져와 다른 아라베스크를 만들었다. 그러고 나서 그는 더 작은 것을 만든 다음에 "저게 프랑수와즈인데, 그녀는 지금 무릎을 꿇고 기도하고 있다"고 말했다.

파블로는 "무엇을 위해 기도하는 거지?"라고 궁금해했다. 그는 종교에 매우 반대하는 입장이었다. 마티스는 그의 매력적인 미소로 피카소를 자극하는 방법을 정확히 알고 있었다. 마치 투우사가 황소에게 계란을 던지는 것과 같았다. 마티스는 피카소가 자신이 없는 자리에서 자신에게 안 좋은 말을 몇 차례 했다는 사실을 알고 있었다. 그래서 그들 사이에는 우정이 있었지만, 갈등도 있었다.

방스의 빌라 르 레브

그림 차원에서는 라이벌이 아니었지만, 인간적 측면에서는 경쟁이었다. 그것은 남과 북의 관계였다. 피카소는 안달루시아Andalusia 출신이었고, 마티스는 프랑스의 가장 북쪽 출신이었다. 그것은 재미있었다. 어느 날 마티스는 "우리는 북극과 남극과 같다"고 말했다. 피카소는 "그래, 당신 말이 맞아, 남극이 더 춥지"라고 대답했다.

그들은 1906년경 파리에 있는 거트루드Gertrude와 레오 스타인Leo Stein의 오픈하우스 모임에서 처음 만났다.• 당시 피카소는 프랑스어를 잘하지 못했다. 그는 확실히 그의 그림을 이론적인 용어로 설명할 수 없었다. 한편 마티스는 권력의 정점에 있었다. 피카소는 마티스가 자신의 예술적 선택을 설명하는 편안함에 다소 압도당했다고 내게 말했다. 그들은 마치 두 산이 맞닿아 있는 것 같았다. 그들은 각자 상대가할 수 없는 '유일한 일'을 하고 있다는 사실을 알고 있었다.

마티스에게 색은 기본이었다. 그는 그것을 공간 자체를 만드는 데 사용했다. 피카소에게 색은 단순한 장식이었고, 형태가 먼저였다. 그의그림은 본질적으로 검은색, 회색, 흰색이다. 그러나 마티스에게 색은공간을 창조한 것이다.

두 가지 접근법은 모두 괜찮지만, 같지 않다. 형식을 과장함으로써 피카소는 관점을 만들었다By exaggerating forms, Picasso would create perspective. 마티스적 접근은 물리적 현상과 프리즘의 원리와 더 관련이 있었다 Matisse's approach had more to do with physics and the principle of the prism.

• 이에 대해서는 다음 피카소 단원에서 자세히 설명하겠다.

마티스는 내가 그를 알게 됐을 때 대부분 컷아웃 작업을 하고 있었다. 1941년 대장암 수술을 받은 후, 그는 매우 아팠고 죽을 것으로 예상됐다. 그러나 그는 13년을 더 살았다. 그는 그 시간을 "집행유예le sursis"라고 불렀다. 그것은 환상적인 결론이었다. 그는 예술을 이전 어느 때보다도 더 밀어붙였다.

오려낸 종잇조각들을 가지고, 그는 자신이 색깔로 조각하고 있다고 말하길 좋아했다. 모양은 꽤 날카로웠고, 그 형태는 색깔을 더욱 강하게 만들었다. 그는 큰 가위를 들고 침대에서 일했다. 리디아와 다른 어린 소녀들은 그가 자른 조각들을 가져가곤 했다. 그는 대나무 지팡이로 가리키며 소녀들에게 그것들을 어디에 놓아야 하는지 지시하곤 했다.

컷아웃을 여러 차례 다시 배치하여 마티스는 자신에게 처음 물어보았던 질문에 전혀 다른 대답을 찾아냈다. 컷아웃이 그의 모든 작업의

마티스의 작업을 도와주고 있는 보조원. 1953년 레지나 스튜디오

정점을 증명했다.

사람들은 항상 예술가를 만나면 모든 것이 바뀔 거라 생각한다. 그렇지 않다. 중요한 대화는 화가의 작품을 즐기는 것이다. 마티스의 그림에 대한 나의 태도가 그랬다. 그야말로 매우 강렬했다.

1953년 내가 파블로를 떠난 후 마티스를 다시 보고 싶지 않았다. 나는 그가 내게 무슨 말을 하려 할지 알고 있었다. 비록 피카소가 불쾌하고 난감하더라도, 그와 함께 있어야 한다는 것이다. 그는 내게 좋은 영향력이었기 때문이다. 그러나 영향력은 힘이 아니다. 힘은 권력 뒤에 서 있다.

LACMA(로스앤젤레스카운티미술관)의 세라믹 컷아웃

시드니Sidney F. Brody, 1916~1983와 프랜시스 래스커 브로디Frances Lasker Brody, 1916~2009는 로스앤젤레스의 유명한 컬렉터이자 예술 후원자였다. 브로디 부부는 마티스가 사망하기 2년 전인 1952년 그들의 집을 장식할 종이 오리기 작품을 세라믹 벽화로 만들어달라고 의뢰했다. 건축가 A. 퀸시 존스가 디자인한 로스앤젤레스의 거대한 그들 집은 이미 피카소, 브라크, 자코메티, 칼더, 무어의 작품들을 포함한 비범한 현대미술 컬렉션으로 넘쳐나고 있었다.

브로디 부부의 의뢰를 받은 마티스는 많은 관심을 보이면서 작품이 걸릴 벽의 정확한 크기를 알기도 전에 여러 구상을 했다. 그리고 1952년 5월 브로디 부부가 니스에 있는 자신의 집을 방문했을 때 〈아폴로Apollo〉라고 이름을 붙인 종이 오리기 시안을 보여주었다. 그러나 브로디 부부는 이 첫 번째 디자인을 거절했고, 나중에 다시 받은 제안을 받아들였다. 〈아폴로〉는 현재 세라믹 버전이 스페인의 톨레도미술관에 전시돼 있다.

16개 구역으로 구성된 도자기 벽화, 마티스의 유작이 된 이 작품 〈종이다발 La Gerbe, The Sheaf〉은 처음에 브로디 부부가 마티스의 종이 자르기 원본을 바탕으로 캘리포니아에서 세라믹 도판을 만들기를 원했으나, 이를 만들 마땅한 공방을 찾지 못해 결국 프랑스에서 마티스의 감독 하에 만드는 것으로 합의했다.

이 작품은 1954년 11월 마티스가 사망하기 직전에 완성되어 사망한 직후 로스앤젤레스로 보내졌다. 그리고 1955년 8월이 돼서야 시드니 부부의 야외

1966년 「라이프」지에 실린 사진으로, 브로디 부부가 그들의 집 거실 마티스 작품 아래서 포즈를 취하고 있다.

LA 시드니와 프랜시스 브로디 부부의 집
야외 거실에 걸렸던 마티스의 작품 〈종이 다발〉.
지금은 LACMA로 옮겨졌다.

응접실 벽면에 걸렸다. 프랜시스 브로디는 마티스의 도판을 '우리 집의 중심'이라고 각별한 애정을 보였다.

1986년 LACMA가 개관 25주년을 맞았을 때, 프랜시스 브로디는 이를 기념하여 자신의 사후 마티스 작품을 미술관에 기증하기로 약속했다. 2009년 11월, 프랜시스 브로디는 93세의 나이로 세상을 떠났다. 그녀는 약속대로 유언장에 마티스의 작품을 LACMA에 맡겼다. LACMA는 2010년 1월 브로디의 집에서 이 세라믹 벽을 떼어내 전시장으로 옮겼다. 오늘날 이 작품은 그의 다른 종이 오리기 작품들과 함께 LACMA의 컬렉션을 빛내고 있다.

로사리오 예배당과 수녀 모니크

방스 로사리오 예배당Chapelle du Rosaire, 로자르 샤펠레의 장식을 위한 스케치도 레지나 스튜디오에서 만들었다. 불면증에 시달리는 마티스는 2미터 길이의 대나무 지팡이 끝에다 숯을 붙여 자신의 침실 벽과 천장에 예배당 내부 벽화와 스테인드글라스 창문의 준비 스케치를 만들곤 했다.

마티스가 1947년에서 1951년 사이에 도미니카 수녀회를 위해 만든 로사리오 예배당을 보고 수녀는 마티스에게 "신의 손이 작업에 함께 했다"고 말했다. 그러자 마티스는 이렇게 대답했다. "그래요. 그렇지만 신은 접니다." 이것은 오만이 아니라 자신의 기량이 절정에 달했다는 것을 아는 예술가의 자신감이었다.

오랜 숙고 끝에 주제가 「요한계시록」에서 나왔다. 그 길 한가운데에, 그리고 강 양쪽에 생명의 나무가 있었는데, 그 나무의 잎은 전 인류의 치유를 위한 것이었다. 황금시대의 상징인 생명의 나무와 꽃! 마티스의 작품에서 그의 습

마티스가 만든 방스의 로사리오 예배당

관적인 이 주제의 정점보다 더 아름다운 라이트모티프주악상가 있을까?
피카소는 마티스가 예배당을 만들고 있다는 사실에 격분했다.

> "차라리 채소상을 하지 그래? 과일과 채소를 잘 그리잖아!"
> 마티스는 이에 대해 수녀에게 다음과 같이 털어놓았다.
> "하지만 난 상관없다. 나는 배보다 푸른 초록색이 더 좋고 오렌지색이
> 호박색보다 더 좋다."

심지어 피카소는 한 논쟁에서 마티스에게 사창가를 위한 예술은 왜 만들지
않았느냐고 비꼬았다. 그에 대한 마티스의 대답은 "아무도 요청하지 않았으
니까"였다.
어쩌면 냉소주의로 비칠 수 있는 말이다. 여기서 예술가는 고용된 총잡이가
된다. "나는 사람들이 미술품을 만들기 위해 돈을 지불하는 곳이면 어디든

마티스와 모니크 수녀

예술을 만든다. 교회, 사창가, 별로 중요하지 않다." 어쩌면 마티스는 친구이자 경쟁자 앞에서 터프한 척하고 싶었는지도 모른다.

그러나 분명한 점은 그가, 사창가가 아니라 예배당을 위한 예술을 만들어달라는 요청을 받았다는 사실이다. 이를 강조하기 위해 그는 그 예배당을 항상 "걸작masterpiece"이라고 불렀다. 또한 자신이 그 일을 하도록 운명 지워졌다고 말했다.

이 모든 일은 나중에 수녀가 된 젊은 여성 때문에 일어났다. 마티스는 수술 이후에 자신의 노후를 돌볼 '젊고 예쁜' 간호사 광고를 신문에 낸 뒤 그녀를 만났다. 모니크 부르주아Monique Bourgeois였다.

모니크는 마티스를 두어 해 동안 간호한 다음 방스 마을의 수녀원에 들어갔다. 그로부터 몇 년 후 마티스는 방스 근처에 집을 샀다. 마티스는 언제나 프로방스에 끌렸다. 마찬가지로 그 젊은 수녀에게도 끌렸다.

1948년 모니크는 마티스에게 도미니크 수도회의 예배당을 만들어달라고 부탁했다. 마티스는 기꺼이 수락했다. 그는 건축 계획을 세웠고 스테인드글라스를 만들었으며 십자가의 역사를 위한 그림을 그렸다. 그는 심지어 제단에 서 있을 사제들을 위한 예복을 디자인하기도 했다.

마티스는 항상 움직이며 살아 있고 노래하고 춤추는 예술을 만들고 싶었다. 1910년 무렵 그의 춤과 음악 그림은 실제 역동적인 춤과 음악 행위에 필적하는 시각적 예술을 만드는 그의 첫 번째 진정한 성공이었다. 〈댄스〉 시리즈는 그림이 획득한 움직임의 색채가 나타내는 서술처럼 순수하다. 붉은 인간 형상의 원이 푸른 들판을 배경으로 춤을 춘다. 여기서 그림은 행위 그 자체가 된다.

로사리오 예배당에서 작업 중인 마티스

춤과 음악 그림의 동작과 움직임은 마티스가 왜 결국 예배당을 위한 예술을 만들었는지에 대한 작은 단서가 된다. 마티스는 예술이 무엇인가를 해야 한다고 느꼈을 것이다. 예술은 활력적이지 않을 수 없다. 예술은 공허한 심미적 진공 속에서 벽에 매달려 세상과 거리를 둘 수 없다. 예배당에서 예술은 반드시 목적적이다.

예배당 디자인특히 스테인드글라스은 컷아웃이 없으면 불가능했다. 마티스의 컷아웃은 곡예사, 서커스 공연자, 수영선수, 무용수 등 인간이 활동하는 모습을 주로 묘사한다. 또한 그것들은 자연적인 형태, 바람과 물속에서 자라고 움직이는 식물들과 대비된다. 그 색깔들은 항상 풍부하고, 활기차며, 놀라운 대비 속에서 항상 서로 부딪친다. 컷아웃은 살아 있다.

예배당에서 마티스는 자신의 컷아웃에서 꿈틀거리는 식물 디자인 일부를 꺼내 '생명의 나무'라는 스테인드글라스에 사용했다. 이들은 깊은 푸른색 심연 속에서 노랗게 꿈틀거린다.

검은 십자가에 노란색 구두점이 줄지어 있는 밝은 오렌지색 사슬의 사제복은 종이로 만들어졌다. 그들이 예배를 드리는 동안 입을 수 있는 컷아웃이다. 컷아웃 예배당에서는 무엇을 숭배하는가? 물론 삶, 다른 말로 신이라고 하는 것이다.

마티스의 생명의 나무 앞에 서면 예술의 목적에 대해 걱정하는 것을 멈추게 된다. 사람들은 걱정, 의식적인 결정을 멈추고 무릎을 구부리기 시작한다.

로사리오는 라틴어로, 가톨릭에서 예수그리스도와 성모 마리아의 행적을 묵상하는 기도인 '묵주의 기도' 또는 묵주를 일컫는 말이다. 이 말의 기원은 도미니크 수도회의 창시자인 성聖 도미니쿠스가 이단인 프랑스의 알비주아파派와 싸울 때 성모 마리아가 출현, 영적 무기로 묵주의 기도를 바치라는 계시를 한 것에서 시작되었다. 이후 도미니크회와 로사리오형제회1470년 창립가 신자들에게 널리 보급했고, 교황 레오 13세재위 1878~1903는 10월을 '로사리오의 달'로 선포했다.

따라서 로사리오 예배당은 기본적으로 베네딕트 수도회의 정신과 일치할 수 있는 분위기를 자아내도록 설계되었다. 베네딕트 수도회의 으뜸가는 계율인 청빈함을 표현하고 있기 때문에 예배당의 내부는 지극히 단순하고 소박하다. 수많은 예배당들이 내부를 온갖 화려한 장식으로 치장하고 있는 것과는 거리가 멀다.

마티스가 이렇게 도미니크 수도회의 정신을 작품에 반영한 것은 예배실이라는 사용 목적 때문이기도 하지만, 그가 대장암으로 고통을 받고 있을 때 극진히 간호한 사람이 모니크였고, 그녀가 나중 도미니크 수도회 수녀가 됐기 때문이다.

나중에 그가 퇴원을 하고 방스에서 요양할 때도 집 건너편에 있는 도미니크회 수녀원 휴양소의 수녀들이 간호를 해주었다. 그에게는 도미니크 수도회가 목숨을 구해준 은인과 비슷한 것이다.

마티스는 로사리오 예배당을 자신의 가장 중요한 후기 작품으로 간주하고 3년 이상 그 일에 매달렸다. 그는 긴 숯이 달린 막대기로 침실 벽에 디자인을 그렸지만, 사실상 예배당에 있는 것처럼 효율적으로 예배당을 진전시켜 나갔다.

예배당에서 우선 눈에 뜨이는 것은 '생명의 나무'를 주제로 한 정면의 스테인드글라스와 한쪽 벽면의 커다란 성 도미니크뿐이다. 성 도미니크는 흰 바

방스 로사리오 예배당은 마티스가 평생 추구한 지중해 햇빛의 정수를 반영한다.

로사리오 예배당은 마티스 예배당이라고 부르기도 한다.
이곳에 필요한 것은 종교적인 거룩한 빛이 아니라,
편안한 일상의 빛이었다.

로사리오 예배당 한편에는 마티스의 작업을 알려주는
공간이 따로 마련돼 있다.

탕에 검은색으로 선을 그린 타일을 붙여 만든 작품이다. 물론 예배당의 뒤쪽으로도 스테인드글라스와 역시 흰색 바탕에 검은 선의 타일로 만든 '꽃으로 둘러싸인 성모와 성자'가 있지만, 워낙 한가운데의 스테인드글라스가 보는 이를 압도한다.

이야말로 마티스가 평생 추구한 지중해 그 햇빛의 정수를 반영한다. 이로 인해 방스의 이 예배당은 자연 광선이 살아 숨쉬는 초기 그리스도교의 피난처인 카타콤을 연상하게 한다. 푸른색, 녹색, 노란색의 스테인드글라스가 빛에 의해 시시각각으로 변하면서 엄숙한 명상과 쾌활한 생명력을 동시에 나타내준다.

중세 성당에서 가장 중요한 핵심 요소는 햇볕이 어떻게 벽면을 비추는 아름다운 빛이 되어 나타나냐 하는 것이었다. 그래서 이슬람 문화인 스테인드글라스를 적극 차용했고, 이 스테인드글라스를 통해 투영되는 빛의 형상을 발전시키다 보니 '장미창'까지 나오게 됐다. 서양미술사학자 노성두는 장미의 창에 대해 다음처럼 표현했다.

'고딕 교회에 들어서는 사람은 누구나 빛의 세례를 피할 도리가 없다. 말씀이 빛이 되는 기적을 목격했던 요한의 밝은 눈이 우리의 더딘 걸음을 이끄는 동안, 높은 곳에서 쏟아지는 빛은 색유리의 옷을 걸쳐 입고 우리네 알몸의 영혼을 폭포수처럼 적신다. 색 유리창 가운데 가장 밝은 빛을 뿜어내는 것은 아무래도 장미창이다. 고딕 교회의 둥근 창을 장미창이라고 부르는 까닭은 장미가 지혜의 꽃이며 거룩하신 성모의 상징이기 때문이다.'

그러나 장미창만이 성당에 빛을 들이는 가장 아름다운 틀은 아니다. 무엇보다 마티스는 자신의 성당에 12세기와 13세기의 양식을 그대로 들여올 이유가 없었다. 그의 예배당에 필요한 것은 종교적인 거룩한 빛이 아니라, 거실의 소파처럼 편안하고 평화스러운 일상의 빛이었다. 고딕 성당처럼 위압적이거나 숭고할 필요도 없었다. 마티스는 이 예배당 작업에 대해 이렇게 말했다.

> "이 예배당에서 나의 주요 과제는 빛과 색채로 채워진 한쪽 면과 흰 바탕에 검은색의 선묘만으로 남겨진 벽의 균형을 만들어내는 일이었다. 내게 있어서 이 예배당은 창작에 바쳐진 나의 전 생애의 완성을 의미했다. 그것은 힘들고 어렵지만 정직한 노동의 개화開花였다."

로사리오 예배당이 완성된 것은 1951년. 그리고 마티스는 1954년 85세의 나이로 운명을 달리했다. 이 예배당이야말로 마티스 자신의 말마따나 창작에 바쳐진 자신의 전 생애의 완성이었던 것이다.

예배당 의자에 앉아 스테인드글라스를 투영해 들어오는 프로방스의 햇빛을 바라보고 있으면 그 볕이 심장까지 스며든다. 한 거장의 숨결이 살아 있는 공간이다. 그의 마지막 창작의 투혼이 살아 있는 현장이다. 참으로 영광스러운 자리다.

마티스는 그의 예배당이 궁극적으로 사람들이 무거운 짐을 내려놓을 수 있는 장소가 되기를 바랐다. '마치 이슬람교도들이 모스크 문 앞에 샌들을 벗어 줄지어 놓으면서 거리의 먼지를 남기듯.' 그는 예배당이 종교적 신앙을 초월하기를 원했다. 따라서 이 예배당을 방문하는 사람은 무엇을 믿는지, 무신

론자인지 전혀 중요하지 않다. 예배당은 오로지 마음에 평화를 불러오는 영
향력만을 행사할 따름이니까.

조명 시설이 모두 꺼져 있음에도 불구하고 프로방스 오후의 햇살에 환히 빛
나는 예배당에는 깊은 울림이 있다. 그것은 프로방스를 지나는 모든 여행자
의 여정을 비추는 빛의 세례다.

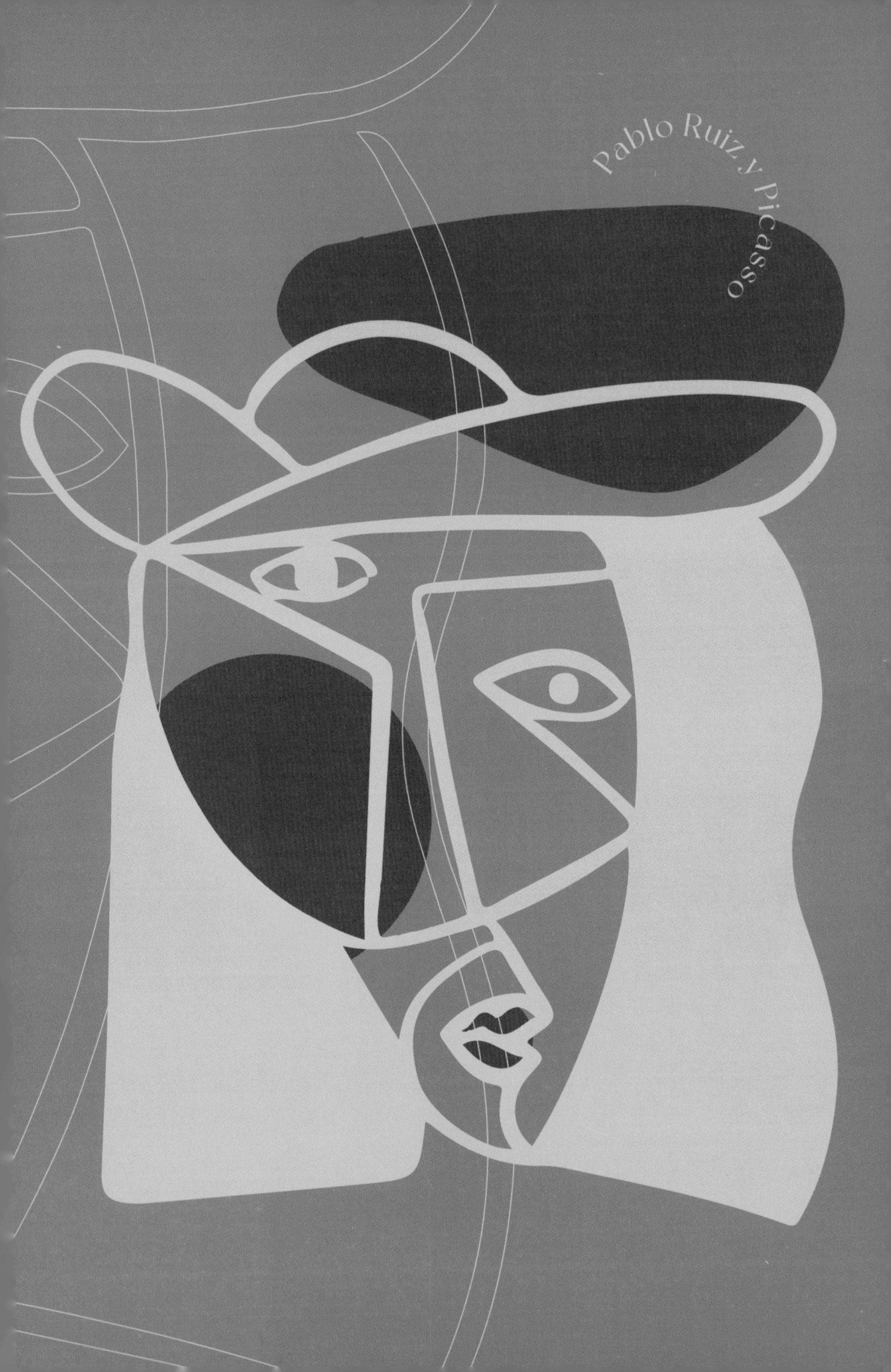
Pablo Ruiz y Picasso

CHAPTER 2

PABLO RUIZ Y PICASSO
피카소

Pablo Ruiz y Picasso
1881~1973

나는 단순히 그림을 그리는 것이 아니라,
미술관을 장식하기도 한다.

피카소가
프로방스로 간 까닭은?

스페인 촌놈, 파리에 정착하다

피카소의 이름은 원래 파블로 디에고 호세 프란시스코 데 파울라 후안 네포무세노 마리아 데 로스 레메디오스 치프리아노 데 라 산티시마 트리니다드 루이즈 이 피카소Pablo Diego José Francisco de Paula Juan Nepomuceno María de los Remedios Cipriano de la Santísima Trinidad Ruiz y Picasso다. 이렇게 긴 이름을 어떻게 외웠을까 싶다.

피카소는 화가이자 공예학교 교사, 지방의 작은 박물관 큐레이터로 일했던 아버지 돈 호세 루이즈 이 블라스코Don José Ruiz y Blasco와 마리아 피카소 이 로페즈María Picasso y López의 장남으로 스페인 남단 말라가Malaga에서 태어났다.

피카소의 재능은 전적으로 그의 아버지로부터 물려받은 것이 틀림없다. 어머니의 회고에 따르면 피카소가 처음으로 말한 단어도 '연필'이었고, 어린 시절부터 드로잉에 대한 관심을 나타냈다. 피카소는 일곱 살 때부터 아버지로부터 드로잉과 유화 그리기에 대한 정식 훈련을 받기 시작했다.

FUNDACION PICASSO

EN ESTA CASA NACIO PABLO RUIZ PICASSO EL 25 DE OCTUBRE DE 1881

FUNDACIÓN PICASSO

UNDACIÓN PICASSO

말라가,
피카소 생가

그의 아버지는 매우 고전적인 유형의 사람이었다. 그래서 대가들의 작품을 그대로 따라 그리거나, 석고상이든 모델이든 사람 신체에 대한 부단한 드로잉 연습이야말로 정당한 훈련의 필수라고 생각했다. 그의 이런 교육이 어린 피카소의 기초를 튼튼하게 만들어준 것은 물론이다.

1889년 여덟 살의 피카소는 첫 드로잉과 첫 유화를 그린다. 드로잉은 노란색의 투우사, 유화는 말라가 항구 풍경이 대상이었다. 1891년 열 살의 피카소 가족은 아버지가 미술학교 교사가 되어 스페인 북서부 갈리시아 지방의 코루나Coruña라는 도시로 이사를 간다. 이후 피카소가 말라가를 찾은 것은 1895년 여름과 1900년 12월 송년의 밤 두 번뿐이었고, 이후 다시 돌아가지 않았다.

말라가와 피카소의 인연은 여기까지가 전부다. 태어나고 그림 몇 점을 그린 것이 전부다. 그러나 그 누구든 유년 시절의 기억은 그 사람의 평생을 지배하는 법이다. 피카소 역시 말년에 자신 작품의 모든 뿌리는 어린 시절 뛰어놀았던 말라가 앞바다였다고 말했다.

1895년 피카소는 한 달 동안 그려도 되는 입학시험용 그림을 단 하루 만에 그려낸 후 바르셀로나 미술학교에 입학한다. 하지만 출석을 거의 하지 않았고 학교 규칙과 생활에 적응하지 못해 학교를 그만두었다. 그러자 피카소 아버지는 이 젊은 예술가를 마드리드 레알 아카데미아왕립 미술학교에 보냈지만, 결과는 같았다. 16세의 피카소는 정식 교육을 싫어해 입학 직후 수업에 참석하지 않았다.

대신 마드리드의 미술관들이 그의 선생님이 되어주었다. 특히 디에고 벨라스케스Diego Velázquez, 1599~1660, 프란시스코 고야Francisco Goya, 1746~1828 등의 그

림을 소장하고 있는 프라도미술관은 그의 학교였다. 피카소는 특히 엘 그레
코El Greco, 1541~1614의 작품들에 감탄했다. 그의 길쭉한 팔다리, 매혹적인 색
깔, 신비로운 시각과 같은 요소들은 피카소 후기 작품에서 메아리쳤다.

피카소는 17세 때 다시 바르셀로나로 돌아왔다. 이 무렵부터 프랑스와 북유
럽 미술운동에서 많은 자극을 받고 특히 르누아르, 툴루즈 로트레크, 뭉크
등의 화법에 매료되어 이를 습득하려고 노력했다.

피카소가 처음 파리를 방문한 것은 19세이던 1900년이었다. 그 다음해에 다
시 방문하여 몽마르트를 중심으로 자유로운 제작 활동을 하고 있던 젊은
보헤미안 무리에 합류했다. 모네, 르누아르, 피사로 등 인상파 작품을 접하
고 고갱의 원시주의, 고흐의 열정적 표현주의 등의 영향도 받았다.

당시 피카소는 프랑스어도 할 줄 몰랐고, 빈곤의 비참함, 질병과 성병이 가득
한 세기말적 파리의 실상에 혼란을 겪었다. 구석진 다락방에서 추위와 가난
을 벗 삼아 작업했기에 거지와 가난한 가족 등 하층계급에 속하는 사람들
의 생활 참상과 고독감에 주목한 그림을 그렸다. 자연스레 우울한 느낌을 주

피카소의 청색시대 대표작 1903년 그림 〈인생(La Vie)〉. 클리블랜드미술관 소장

는 청색이 주조를 이루게 되어, 나중 '청색시대'로 지칭되었다.

그러나 당시 요절하거나 끝내 알려지지 못한 화가들에 비해 피카소는 단기간에 명성을 얻게 되었다. 20세에 첫 전시회를 열면서 모든 상황이 나아지기 시작했다. 1904년 몽마르트르에 정주하면서부터는 연애도 했고, 생활의 윤택함을 반영해 그림 색조도 청색에서 장밋빛으로 바뀌면서 밝아졌다.

1905년이 되자 피카소는 드디어 파리에서 인정받는 화가가 되었다. 기욤 아폴리네르를 만났고 다음해에는 마티스와의 교우가 시작됐다. 평생을 지속한 마티스와의 친분은 이렇게 그가 유명해지자마자 이루어진 것이었다.

자신보다 12살 많은 경쟁자 마티스를 만나다

그렇지만 그들이 파리에 정착한 초기에는 마티스가 세느 강 남쪽 생미셸 가에, 피카소가 세느 강 북쪽 몽마르트르에서 살았다. 피카소는 바토 라부아르bateau-lavoir, 세탁선로 불리던 낡고 허름한 스튜디오에서 첫 번째 여인인 페르낭드 올리비에Fernande Olivier, 1881~1966와 동거하며 작업했다.

올리비에는 1904년 어느 날 쏟아지는 비를 피해 피카소가 고양이를 안고 뛰어든 낡은 건물의 복도에서 우연히 마

네덜란드 태생의 야수파 화가 키스 반 동겐(Kees van Dongen)이 그린 1905년작 〈페르낭드 올리비에 초상화(Portrait de Fernande Olivier)〉, 개인 소장

1906년 스페인 바르셀로나에서의
피카소(중앙)와 올리비에

주친 여자였다. 그 이전에도 지독한 성병을 앓는 등 여자관계가 문란한 피카

소였지만, 보자마자 그의 영혼을 빼앗은 여자는 23살의 이혼녀 올리비에가

처음이었다. 사랑에 빠진 피카소는 우울한 색조의 '청색시대1901~1904'를 마

감하고, 달콤한 '장밋빛 시대1904~1906'로 들어갔다.

그들 개인에게도 행운이었지만, 미술사적으로도 축복이었던 마티스와 피카

소의 만남은 먼저 작품으로 이루어졌다. 그들 작품은 파리에 거주하고 있었

던 미국인 컬렉터 스타인Stein 가문 살롱 벽에 걸려 있었다.

'잃어버린 세대Lost Generation'라는 단어를 처음 사용한 시인이자 소설가였던

거트루드 스타인Gertrude Stein, 1874~1946은 생애의 거의 전부를 파리에 머물렀

다. 그녀는 소설이나 시에서 대담한 언어상의 실험을 시도했을 뿐만 아니라

새로운 예술운동의 비호자로서, 마티스와 피카소, 앙드레 지드를 비롯해 많

은 젊은 작가나 화가와 친분을 맺었다.

그런데 그녀의 오빠인 레오 스타인Leo Stein과 남동생 마이클 스타인Michael

Stein 그리고 마이클 부인 사라Sarah가 모두 이들 작품에 깊은 관심을 갖고 있

었다. 게다가 거트루드의 친구인 클라라벨Clarabel과 에타 콘Etta Cone이 마티스와 피카소의 후원자가 되어 그들 작품을 수백 점씩 소유하고 있었다. 특히 콘 자매는 마티스 작품을 1906년에 처음 구입했는데, 이후 40년 동안 지속적인 구매 활동이 이어졌다. 이런 '콘 컬렉션'은 마티스의 생애 모든 단계의 주요 작품을 포함하는 것일 뿐만 아니라, 마티스가 새로운 감성으로 그림을 그린 니스 시절에 대한 콘 자매의 특별한 관심을 반영한 것이기도 하다.

1906년 3월 거트루드와 그 가족들은 마티스를 데리고 몽마르트르에 있는 피카소 집을 방문했다. 마티스는 거기서 자신보다 11살 어린 동생뻘인 피카소를 소개받았다. 거트루드 스타인은 이후 여자친구 앨리스Alice Babette Toklas를 내걸고 집필한 『앨리스 B. 토클라스 자서전』에서 "그 이전에는 마티스가 피카소 이름을 들은 적이 없었고, 피카소는 마티스를 만난 적이 없었다"고 단언했다.

거트루드는 두 사람을 처음 만났을 때를 이렇게 회상했다.

> '중간 키의 마티스는 다갈색 수염을 기르고 안경을 썼는데, 깊이 있는 분위기에 우둔해 보였다. 그에 비해 피카소는 작고 활발하고 망설임이 없고 재능 있는 눈빛을 지녔다. 또 무엇이든 만들려는 호기심이 강하고 보이는 것과 찾는 것에 대해 삼킬 듯한 자세로, 마음이 열려 있었다.'

피카소와 마티스는 미학적으로 거리가 멀었고, 라이프스타일 또한 비슷한 구석이 없었다. 피카소는 파리 아방가르드전위 예술을 지배하는 거칠고 고집이 세며, 카탈루냐 억양이 강했던 반면, 마티스는 키가 헌칠했고 매우 예의바

피카소, 1906년, 〈거트루드 스타인〉.
메트로폴리탄미술관 소장

컬렉션 그림들이 가득 걸려 있는 1910년대 거트루드 스타인의 살롱

른 편이었다.

피카소와 마티스가 서로 만난 적은 없었지만, 그들은 다투고 있는 상황이었다. 더구나 이때의 방문은 마티스가 인데팡 살롱Salon des Indépendants에 내놓은 획기적인 걸작 〈삶의 행복Le Bonheur de Vivre〉을 거트루드 스타인이 구입한 직후라서, 피카소에게는 홀연히 나타난 자신의 존재에 대한 도전으로 받아들여졌다.

두 사람은 만나자마자 친해졌지만, 언제나 어깨너머로 서로를 바라보고 있었다. 그들은 이미 상대방의 지명도를 잘 알고 있었기 때문에 경쟁심이 점차 커지면서 창작의 속도를 높이며 더 유리한 위치에 있고자 서로 많은 신경을 썼다. 그들은 상대방을 라이벌로 인식하면서도 정기적으로 만나 서로의 작업에 대해 철저히 조사했다. 상대방이 무슨 일을 꾸미고 있는지, 그 작업에 찬성하든 반대하든, 그들 두 명의 타이탄titan은 각자 방식대로 서로를 이해했다. 피카소는 나중 자신의 전기 작가 중 한 명인 피에르 다이스Pierre Daix에게 이렇게 말했다.

> "당신은 그때 마티스와 내가 했던 모든 일을 나란히 그려낼 수 있어야 한다. 나보다 더 주의 깊게 마티스 그림을 본 사람은 아무도 없고, 그보다 더 세심하게 내 그림을 본 사람도 없다."

마티스와 피카소는 서로의 스튜디오를 방문했을 뿐만 아니라 거트루드 스타인과 그녀의 동생 리오가 주최하는, 의도적이든 아니든 그들 가족의 불화를 손님들에게 그대로 노출하는, 지독하게 논쟁적이었던 만찬에 자주 함께 왔다.

'북쪽 사람'과 '남쪽 사람'의 차이가 가장 뚜렷하게 나타난 것은 바로 그곳이었다. 당시 그들은 "북극과 남극"으로 불렸다. 마티스가 프랑스 맨 위쪽 노르 데파르망Nord department 태생인 반면, 피카소는 스페인 남단 말라가 출신인 까닭이었고, 성격도 그만큼 달랐던 연유다.

"북극과 남극과 다르듯이."

마티스는 피카소와 자신을 거트루드에게 이렇게 묘사했다. 마티스는 분명히 자신이 프랑스 북부 사람이고, 피카소는 남부 스페인 사람이었다는 점을 강조하고 싶었던 것 같다.

그러나 이 말은 역설적으로 작용했다. 그들 사이에는 자석과 같은 끌어당김이 있었던 것으로 보이기 때문이다. 그것은 주는 사람과 받는 사람, 지도자와 추종자, 영웅과 반영웅의 역할에서 지속적 변화를 가능하게 하는 음양의 극성이다. 이를테면 마티스는 아폴로, 피카소는 디오니소스다. 피카소는 이렇게 말했다.

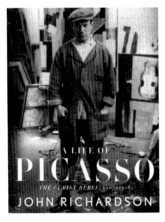

이제 막 파리에서 자리를 잡기 시작한
젊은 시절의 피카소를 다룬 책 표지

"신은 정말 다른 화가야⋯⋯, 나처럼."

하여튼 피카소는 스타인 가문의 이 만찬을 싫어했다. 그는 불어가 유창하지 않다는 점을 매우 의식해서 침묵을 지켰다. 당시 그의 애인이었던 페르낭드 올리비에에 따르면 만찬 자리에서의 피카소는 "볼멘 얼굴로 뾰로통하게 있으면서 기를 펴지 못했다"라고 술회했다.

그는 자신의 작업에 질문하는 사람들에게 쉽게 짜증을 내고, 자신이 설명할 수 없는 것을 설명하려 했다. 반면 마티스는 "놀라울 정도로 명쾌하고, 정확하고, 간결하며, 총명해서 감명을 받았다"고 그녀는 표현했다.

주목할 만한 차이는 또 있었다. 마티스보다 12살 어린 피카소는 겨울을 제외하면 정비사 옷을 입은 것처럼 늘 프롤레타리아 같은 분위기였다. 겨울에는 외투 밑에 곡예사 복장을 입은 듯했다. 반면 마티스는 조르주 브라크 Georges Braque, 1882~1963와 앙드레 드랭을 포함한 추종자들과 거트루드의 남동생 마이클 부인인 사라가 운영하는 아카데미의 지휘자답게, 보수적이고 잘 재단된 트위드 옷을 차려입었다.

피카소에게는 아카데미가 없었다. 대신 그에게는 보헤미안 시인과 화가들로 이루어진 패거리이른바 '피카소 갱스터'가 있었고, 나중 브라크와 드랭이 마티스를 버리고 이 패거리로 왔을 때 매우 득의만만하게 뽐을 냈다.

이 둘의 만남이 있은 지 일 년도 안 되어 두 예술가는 서로 그림을 교환했다. 그런데 거트루드 스타인은 이 교환이 최악이라고 온갖 흠집을 내려고 노력했다. 스타인은 "그림들은 의심할 여지없이 그들의 작품 중 가장 끌리지 않는 것이었다. 나중에 각자는 그것을 상대방의 약점을 내세우는 본보기로만 사용했다. 화가의 비범한 자질들은 그 증거물그림에 별로 구현되지 않았다"고 아주 독하게 말했다.

그녀가 말한 대로 만약 "피카소 지지자와 마티즈 지지자 사이의 감정이 갈수록 냉랭해졌더라면", 그녀는 신뢰를 얻었을 것이다. 그녀는 분열을 통한 통치를 좋아했다. 그녀는 두 예술가가 '친구지만 적'이라고 두 사람을 쥐고 흔들려는 아주 단순한 태도로 단언했다. 그녀에게는 실제로 그랬다.

사실 피카소와 마티스는 서로가 자신들의 그림 세계에는 낯설어서 새로운 주제로 삼을 수 있는, 배울 수 있는 그림을 선택하느라 애를 먹었다. 마티스는 피카소의 정물화를 선택했는데, 그것은 견고하고 거칠며 어색하게 보이는 조그만 레몬을 그린 것이었다. 그 레몬은 불룩하고 오목한 형태가 너무 추악해서 그림을 보는 사람의 눈을 괴롭힐 수 있는 기괴한 오브제였다. 그래서 마치 스트라빈스키 〈봄의 제전〉처럼 어둡고 불협화음적인 인상을 주었다. 피카소는 확실히 세잔보다 훨씬 더 멀리 나가 있었고, 마티스도 막 시작하려고 했던, 정물화라는 장르의 혁명을 가져왔다. 피카소의 주전자와 접시, 레몬은 마티스에게 '아직 일어나지 않은 위험'을 감수하라고 도전을 권하는 것이었다.

피카소의 선택은 아주 약삭빠른 측면이 있었다. 그는 아주 정확한 이유로 마티스의 딸 마거리트의 놀랍도록 대담한 초상화를 골랐다. 그 초상화는 마치 여관 간판만큼이나 직설적이고 문자 그대로의 그림이었다. 마티스의 어린 아들들은 이제 막 그림을 그리기 시작했고, 그들의 유아적인 이미지가 마티스의 눈을 뜨게 해주어 결과적으로 원시주의 형태의 뚜껑을 열게 해주었다. 아이들 그림은 두 예술가가 그동안 모아왔던 오세아니아 원시부족 조각들이 가득 들어 있는 마법사의 요술 주머니를 연 것과 같은 혜택을 주었다.

그런데 불행하게도 피카소와 그의 친구들은 마티스를 조롱하는 데서 그치지 않고 마거리트 초상화에 끝이 흡착 고무로 된 다트를 던지며 놀기까지 했

마티스의 딸 마거리트 초상화, 1907년, 〈마거리트〉.
피카소미술관 소장

다. 그들은 초상화에 다트를 던지며 "눈을 맞혔네", "코를 때렸군"이라고 즐겁게 소리치곤 했다. 나중에 피카소는 그들의 행동에 당황했고, 굴욕감을 느꼈다고 말했다. 그러나 그는 그 행동을 막기 위해 아무런 행동도 하지 않았다. 이 사실을 전해들은 마티스가 격분한 것은 당연한 일이었다. 그는 피카소에게 앙갚음을 할 거라고 별렀고, 그 때문에 두 예술가는 전보다 훨씬 더 서로를 주의 깊게 지켜보았다.

나중에 한 평론가가 장과 피에르 형제의 드로잉이 그의 아버지 발전에 매우 큰 영향을 미쳤다고 한 피카소의 말을 피에르에게 전했는데, 피에르는 피카소가 다시 한 번 아버지를 조롱한 것이라고 매우 분개했다. 그 평론가는 피카소의 본심은 그게 아니었다고 설득했지만 소용없었다. 그러나 피에르도 자신의 아버지가 사망한 해에 『어린이의 눈으로 인생을 바라보다Looking at Life with the Eyes of a Child』라는 에세이를 쓴 사실은 알고 있었을 것이다.

단 한 번도 함께 사진을 찍지 않은 마티스와 피카소

마티스가 로사리오 예배당을 만들 당시 그는 그 구상과 초안을 피카소에게 얘기했다. 그러나 피카소는 마티스가 예배당을 만드는 사실을 탐탁하지 않게 생각했다. 무신론자에다 공산당원인 피카소는 마티스가 왜 예배당을 만들려 하는지 이해할 수 없었고, 마티스가 제대로 움직일 수 없는 몸으로 그런 노력을 한다는 사실에 더욱 화가 났다.

스테인드글라스를 만드는 일은 기술적으로 생각보다 어려워서 마티스는 매우 고생을 하고 있었다. 예배당 벽면에 붙일 성 도미니크 타일 벽화 제작도 마찬가지였다. 당시 마티스는 직사각형의 흰색 타일을 바닥에 평평하게 놓고 기다란 막대기로 된 브러시로 직접 그림을 그려서 벽화를 완성했다. 그렇게 힘들게 작업을 했는데도, 타일들은 굽는 과정에서 3분의 1 정도가 파손되었다. 그러자 피카소는 자신이 도자기 작업을 하고 있는 발로리Vallauris 가마의 도예가를 소개해주었다. 그러면서도 비판을 늦추지는 않았다.

로사리오 예배당을 만들 당시의 마티스

당시 마티스가 친구에게 보낸 편지에는 이런 내용이 있다.

> "피카소는 나의 예배당 작업에 화를 내고 있지. 피카소는 내게 '차라리 시장에 가서 시장을 꾸며주지 그래? 과일이나 채소를 잘 그릴 수 있을 거야'라고 빈정거렸어. 물론 과일이나 채소를 그리는 건 내게 전혀 문제가 되지 않아. 나의 채소는 배보다 더 싱그럽고, 나의 오렌지는 호박보다 더 오렌지색이지. 요점이 무엇이냐? 그피카소가 화가 나 있다는 거야."

피카소는 또 마티스에게 "당신은 왜 신자도 아니면서 그런 일을 하느냐? 신자라면 이해할 수 있겠다"라고 공격하기도 했다.

이에 대해 마티스는 피카소에게 다음처럼 말했다.

> "나는 명상을 하지. 깊은 생각에도 빠진다네. 난 잘 모르겠어. 믿음이 있는지, 없는지……. 중요한 것은 기도에 가까운 정신 상태에서 작업을 하는 것이야."

그럼에도 피카소는 마티스에 전혀 동조하지 않았고, 그가 반동적이라고 생각했다. 피카소가 한 신부에게 보낸 편지에 따르면 '마티스가 창녀 노릇을 하고 있다'고까지 독설을 퍼부었다.

피카소가 마티스의 예배당에 반대한 것도 질투 때문이라는 얘기가 있다. 마티스 조수이자 모델이었던 리디아에 따르면, 피카소는 마티스의 그림 〈성모와 아기 예수〉가 피카소의 여섯 번째 연인이었던 프랑수와즈 질로와 그들 사이의 딸 팔로마Paloma에게서 영감을 받았다는 소문을 들었다고 한다. 그러나 사실 그 그림은 1948년 7월부터 1949년 8월까지 마티스의 조수이자 모델이었고, 훗날 화가로 유명해진 자클린 뒤엠Jacqueline Duhême, 1927~을 기반으로한 것이었다. 자클린은 이렇게 회고했다.

> "마티스가 좋아하는 것은 내가 뾰족한 얼굴을 가졌다는 것이었지만, 그는 성모 마리아에게는 풍성한 가슴이 필요하다고 생각했다. 그렇지만 나는 그렇지 않았다. 그래서 그는 내게 '당신은 살을 빼서는 안 돼, 먹어야 해, 자클린'이라고 했다. 그는 아틀리에의 사방에 내가 좋아하

는 작은 비스킷을 놓아두고 나를 유혹했다."

1954년 마티스가 세상을 떠나자 피카소는 회한에 차서 이렇게 말한다.

"이제 누구와 대화를 하지?"

경쟁자가 사라진 그 공허감을 피카소 역시 견디기 어려웠을 것이다. 그 후 어느 날 피카소는 마티스가 없는 로사리오 예배당을 찾아간다. 그러자 한 수녀가 피카소에게 다가가서 이렇게 말했다.

"당신이 이곳에 왔으니 말하겠습니다. 여기 오는 사람은 모두 자신의 생각을 얘기합니다. 이건 어떻고, 저건 어떻고⋯⋯. 마티스 씨는 그 모두가 일리가 있다고 하면서 제게 이렇게 말했습니다. '나를 비평할 자격이 있는 사람은 오직 한 명뿐입니다. 바로 피카소입니다. 물론 신을 제외하고⋯⋯.'"

피카소는 그의 두 번째 여인인 에바 구엘Eva Gouel, 1885~1915이 폐렴으로 죽어가고 제1차 세계대전이 끔찍한 대학살에 빠져 있는 동안 〈할리퀸Harlequin〉을 그렸다. 이 그림은 비극적이며 자기 지시적self-referential이다. 〈할리퀸〉은 즉흥 희곡의 개구쟁이다. 그는 새처럼 작은 눈, 실제로는 즐겁지 않은 듯한 활짝 짓는 웃음 그리고 하얀 주사위를 움켜쥔 작은 손을 가진 섬뜩하고 어리석은 등신대等身大다. 그는 나중에 자화상으로 밝혀지는 임의의 붓놀림으로 뒤범벅되어 있다. 이 은폐된 자화상은 피카소 후기 작품에서 우리가 발견하고 또 발견할 수 있는 그 자화상들이다. 마티스는 〈할리퀸〉이 그려진 직후 이를 보았는데, 이 그림을 산 딜러에게 "피카소가 한 일 중 최고"라고 말했다. 그러면서 마티스는 그 전해에 그린 자신의 그림 〈금붕어와 팔레트Goldfish and Palette〉가 "할리퀸으로 이어졌다"고 주장했다.

피카소의 저 유명한 1932년도의 〈꿈The Dream〉과 이에 못지않게 유명한 마티스의 1946년작 〈아시아Asia〉는 서로 영향을 준 것이 너무도 자명해서 충격적이기까지 하다. 이는 이 두 명의 아이콘을 서로의 탁월성에 새롭게 비추어볼 수 있게 해준다.

〈꿈〉은 상상했던 것 이상으로 그 장식적인 배경과 화려한 아라베스크에서 마티스적인 요소들과 만난다. 마티스의 황금색 오달리스크odalisque와 견주어 볼 때 피카소의 북유럽적 취향, 푸른 눈과 금발을 가진 정부 마리 테레즈 발터Marie-Thérèse Walter는 그 어느 때보다 더 연약해 보이고, 성적 매력을 매우 자극한다. 피카소는 이런 의도를 높이려는 듯 정부의 심장 모양을 두 동강 내고 왼쪽 반을 위쪽으로 비틀어 남근phallus의 귀두처럼 만들었다. 섹스는 말 그대로 그녀의 마음과 꿈속에 있는 것 같다.

이 대립은 두 예술가가 그들의 아름다운 모델에 대해 매우 다른 접근법을 갖고 있음을 우리에게 말해준다. 마리 테레즈는 마치 '사적 재산'처럼 너무 명백하게 피카소의 여자인 데 반해, 마티스의 여자는 정반대로 아주 명확하게 오달리스크를 외설적으로 흉내 내는 전문 모델이다.

1954년 마티스가 사망하자 피카소는 그의 친구 롤랜드 펜로즈Roland Penrose에게 경쟁자마티스가 "그의 오달리스크를 내게 유산으로 남겼다. 비록 나는

마티스, 1914년, 〈금붕어와 팔레트〉.
뉴욕 현대미술관 소장

피카소, 1915년, 〈할리퀸〉.
뉴욕 현대미술관 소장

피카소, 1932년, 〈꿈〉.
개인 소장

마티스, 1946년, 〈아시아〉.
킴벨미술관 소장

들라크루아,
1834년, 〈알제의 여인들〉

오리엔트에 가보지는 않았지만 이 오달리스크는 내 아이디어"라고 말했다.
마티스가 사망한 지 두 달이 지나자, 피카소는 마티스의 그 유산을 들라크
루아Eugène Delacroix, 1798~1863가 1834년에 그렸던 같은 이름의 그림, 〈알제의
여인들Les Femmes d'Alger〉에 대한 15개의 변주에 이용하기 시작했다.

마티스와 피카소는 둘 다 루브르박물관에 있는 들라크루아의 이 그림을 매
우 좋아하고 존경했다. 피카소는 이 작품에 내재돼 있는 마티스의 존재를 인
정하며, "그래 그는 죽었어. 그러나 나는 계속 그림을 그리고 있지"라고 말했다.
피카소의 획기적인 1907년 걸작 〈아비뇽의 여인들Les Demoiselles d'Avignon〉은
몇 달 전 마티스가 그려 놀라움을 주었던 〈푸른 누드〉에 큰 은혜를 입고 있
다. 마티스는 자신도 모르게 피카소가 아방가르드의 우두머리에서 자기 자
리를 차지하는 것을 도왔다.

피카소, 1955년, 〈알제의 여인들〉시리즈 가운데 한 점.
개인 소장

마티스, 1907년, 〈푸른 누드/비스크라의 기억(Blue Nude/Memory of Biskra)〉.
볼티모어미술관 소장

피카소, 1907년, 〈아비뇽의 여인들〉. 뉴욕 현대미술관 소장

마티스는 자신의 '종이 오려붙이기' 작업에 대해 "가위로 그린다"고 표현했다.

> '내가 색종이를 오릴 때면 마치 비행이라도 하는 듯한 감각이 내게 와서 가위가 가는 길을 안내하면서 보다 좋은 쪽으로 내 손을 조정한다. 그 감각을 당신은 결코 상상도 못할 것이다.'

1946년 3월 마티스가 아들 피에르에게 남긴 글에 따르면 다시 찾아오겠다고 한 피카소가 다시 오지 않은 이유에 대한 그의 분석이 잘 나타나 있다.

> '그피카소는 다시 오지 않았다. 그는 자신이 원하는 것, 즉 내가 종이를 자르는 모습을 이미 보았다. …… 그게 그가 원한 전부였다. 그는 그걸 어느 땐가 유용하게 사용하겠지.'

평소 피카소는 마티스를 자주 찾는 손님이었다. 프랑수와즈 질로에 따르면, 그녀가 낳은 피카소의 세 살배기 아들 클로드Claude만이 마티스 침대를 뛰어다닐 수 있는 유일한 아이였다.

마티스가 컷아웃 작업을 할 당시 피카소 파트너였던 질로는 "마티스만큼 그 피카소에게 의미 있는 사람이 없다"고 회상했다. 피카소와 질로는 방스의 빌라 르 레브 스튜디오와 니스의 언덕 꼭대기 교외 시미에의 레지나 스튜디오를 방문해 마티스와의 열띤 대화를 즐겼다.

앞에서 말한 방스 로사리오 예배당 등 토론은 치열했지만 그들의 우정을 끝낼 정도는 아니었다. 다른 많은 사람들과 마찬가지로 마티스는 피카소의 비꼬는 말을 들어주면서, 젊고 성질이 더 나쁜 예술가에 대해 항상 부성적인 태도를 유지했다. 질로가 말한 대로, 그들의 모임에서 적극적인 쪽은 파블로였고, 수동적인 쪽은 마티스였다.

> "파블로는 마치 댄서처럼 언제나 마티스를 매혹시키려 했지만, 결국 파블로를 정복한 것은 마티스가 되었다."

언젠가 피카소는 아들 클로드에게 마티스를 왜 그렇게 좋아하느냐고 물어보았다. 그러자 클로드는 이렇게 말했다.

> "마티스는 진짜 화가니까. 그를 보러 가는 것은 그의 그림들 중 하나가 되는 것과 같아. 그런데 아빠는 내 장난감을 훔쳐서 유인원을 만들지. 아빠는 진지하지 않아!"

피카소는 진짜 소년의 장난감 자동차를 그의 유명한 개코원숭이 조각의 머리에 사용했다. 확실히 1954년부터 피카소는 판지 더미들을 자르기 시작했는데, 그의 친구 라이오넬 프레저Lionel Prejger 역시 금속판으로 이 작업을 했다. 1961년 뉴욕 현대미술관에 전시한 아름다운 의자 조각에 대해 피카소는 "이는 큐비즘Cubism에 대한 설명이다. 증기 롤러 밑에 있는 의자를 상상하면, 그렇게 보일 것이다"라고 말했다. 예술철학자이자 큐레이터였던 존 골딩John Golding, 1929~2012은 마티스의 '종이 오려붙이기가 조각이 되기를 열망하는 그림'이고, 피카소의 금속 절단은 '그림을 열망하는 조각'이라고 완벽하게 정

마티스의 〈푸른 누드〉를 연상케 하는 피카소의 1961년작 〈의자〉.
(출처 www.insecula.com)

의한 바 있다.

피카소는 분명히 T. S. 엘리엇의 다음 같은 경구에 동의했을 것이다.

> '덜 성숙한 시인들은 모방하고, 성숙한 시인은 훔친다. 나쁜 시인은 그들이 취한 것을 더럽히고, 좋은 시인은 그것을 더 나은 것으로 만들거나, 적어도 다른 것으로 만들 수 있다.'

이처럼 피카소와 마티스는 서로에게 매우 중요했다. 그러나 그보다 더 중요한 것은 결국 자기 자신이었다. 언젠가 마티스는 프랑수와즈 질로에게 이렇게 말했다.

> "우리는 할 수 있는 한 서로 대화를 해야 합니다. 우리 중 한 사람이 죽으면 다른 사람은 절대로 다른 사람과 이야기할 수 없는 일도 있을 겁니다."

그들 회화 개념의 한 가지 중요한 차이점은 마티스가 자연으로부터 얻은 주제로 그림을 그리는 반면 피카소는 상상 세계에 훨씬 기울어 작업한다는 사실이다. 두 예술가가 가장 자주 그린 피사체는 여성과 생명체였는데, 마티스는 자신의 그림 대상을 아주 현실적인 실내 공간에 배치했다. 거트루드 스타인은 '피카소 팬들과 마티스 팬들 사이의 감정은 갈수록 떨떠름해졌다'라고 기술하기도 했다.

두 예술가 사이의 불화는 결국 치유되었다고 보고 싶어도, 그들이 함께 찍은 사진은 찾을 수 없다. 피카소가 샤갈과 함께 찍은 사진은 꽤 있는데 말이다.

그렇게 오랜 기간 교우를 했으면서도 함께 있는 사진 하나 없다는 사실은 무엇을 말할까?

마티스 사망 이후, 피카소가 걸어간 길

1900년대 초 피카소의 작품은 세잔에게서 영향을 받아 점점 단순화되고, 1907년 그의 대표작 〈아비뇽의 여인들〉에 이르러서는 아프리카 흑인 조각의 영향도 나타나는 동시에 '형태 분석'이 비로소 구체화하기 시작하였다. 조르주 브라크와 알게 된 것도 이 무렵으로, 그와 함께 공동작업으로 입체주의 미술 양식을 창안했다.

1909년에는 분석적 입체파, 1912년부터는 종합적 입체파 시대에 들어갔는데, 이 무렵 그는 이미 20세기 회화의 최대 거장이 되었다. 장 콕토를 만나면서부터는 무대장치를 담당하기도 하는 등 활동 범위가 점점 확대되어 나갔다.

1934년에는 에스파냐를 여행하여 투우 소재의 그림을 그리고, 1936년의 스페인 내전 때는 인민전선을 지지하면서 프랑코에 대한 적의와 증오를 시와 판화로 표현하는 한편, 전쟁의 비극과 잔학상을 독자적 스타일로 그려낸 세기의 대벽화 〈게르니카Guernica〉를 완성했다. 피카소 특유의 표현주의로 불리는 괴기한 표현법이 이때부터 나타났다.

제2차 세계대전이 터지던 해에는 스페인에서 지냈으나 다음해인 1940년 독일군의 파리 침입 직후, 파리로 돌아와 레지스탕스 투사들과 교유하고, 1944년 종전 후에는 프랑스공산당에 입당했다. 이 시기부터 주로 남프랑스의 바닷가에서 생활하면서 그리스 신화 등에서 모티프를 취하여 밝고 목가적 분위기를 자아내는 독특한 작품을 제작하기 시작했다.

피카소, 1901년, 〈투우(Bullfight)〉

〈게르니카〉 작업을 하는 피카소.
그의 다섯 번째 여인이자 사진작가였던
도라 마르(Dora Maar)가 찍은 사진이다(1937).

제2차 세계대전이 끝난 후의 피카소 작품 세계를 일명 '즐거운 인생의 시대'라고도 할 정도로 당시 피카소는 사회적 명성과 부를 갖고 있었다. 그러나 이는 예술가에게는 분명 독과 같을 터. 피카소에게도 분명 무엇인가 새로운 변화와 탈출이 필요했을 것이다.

칸에서 가까운 바닷가 마을 골프 주앙Golfe Juan에서 무료한 시간을 보내던 피카소는 그의 친구와 함께 1946년 7월 26일 도자기 전시회를 열고 있던 프로방스 발로리의 마도라 도자기 공장Maudora pottery를 방문하게 된다. 그는 여기서 세 점의 실험 작품을 만들어 건조와 소성은 공장 주인인 수잔느Suzanne와 조르주 라미에Georges Ramié에게 맡겼다.

일 년 후에 피카소는 자신이 맡긴 작품이 어떻게 됐나 궁금해서 다시 공장을 들렀는데, 그 완성도에 매우 만족하고 도자기의 매력에 빠지게 되었다. 그리하여 그는 이곳에서 본격적으로 도자기 작업을 하기로 마음을 먹었다. 그는 수잔느와 라미에에게 허락을 얻은 후 본격적으로 도자기 기술을 배워가며 작업에 들어갔다.

1947년 10월부터 1948년 가을까지 일 년 동안 피카소는 무려 2,000개가 넘는 도자기 작품을 제작했다. 피카소가 생애 동안 3,500개의 꽃병과 접시 물병, 도자기를 만들었음을 감안하면 엄청난 양이었다.

피카소가 만든 도자기들이 예술적으로 뛰어난 성취를 보여준 것은 아니었다. 그것들은 대개가 마두라 공장에서 그의 주문에 의해 다른 사기장이 만들어놓은 접시, 단지, 꽃병들을 변형하거나 채색한 것이 대부분이었기 때문이다. 다시 말해 그가 처음부터 흙을 반죽해 물레로 성형한 것이 아니고, 이미 완성된 형태의 성형물에 구멍을 뚫거나 긁어서 자국을 내는 등의 가공작

앙티브 피카소박물관에 전시돼 있는
피카소의 도자기 접시들

피카소 도기 작품.
발로리 피카소박물관 소장

업으로 만든 것이었다. 따라서 그의 주요 작품들과는 별도로 취급되며 덜 중요한 것으로 평가된다.

미술평론가 송미숙은 이런 피카소 도기 작품에 대해 '특징은, 그가 택한 대부분의 이미지가 도기의 형태를 결정한다는 점이다. 흔히 보듯 도기에 그림을 그려넣은 것이 아니라 그가 택한 이미지, 예를 들어 올빼미의 형태가 곧 도기의 형태를 구성한다. 그의 도기 작업은 회화와 조각의 연장'이라고 해석했다.

그러나 피카소는 이러한 작업에서 해방감을 느꼈으며, 작업을 통해 장식과 형태 사이, 2차원과 3차원 사이의 공간 관계나 개인적, 보편적 의미 사이의 차이를 시험했다고 알려져 있다. 평면이 아닌 입체물에 대한 회화 작업, 즉 의도하지 않은 형상에 의도한 이미지를 담는 행위는 오로지 피카소의 즉흥적 상상력의 산물이다. 때문에 그의 작품은 마치 어린아이의 낙서처럼 천진한 눈높이에서 나왔음직하다. 자유분방한 그의 작품 속 이미지는 때묻지 않은 시선에서 오히려 빛을 발한다.

이런 도자 작업의 결과물에는 생전 자신의 또 다른 모습으로 생각한 올빼미와 새를 그리는가 하면 투우, 꽃과 여인, 태양과 여인 등이 그려져 있다. 접시에는 역시 사람 얼굴이 가장 많이 나타나는데 채색을 하거나, 새기거나, 덧붙이는 등 다양한 표현 방법으로 개성을 드러냈다.

프로방스에서 작업을 하는 피카소의 모습과 그의 작업실은 프랑스 사진작가 앙드레 빌레르André Villers, 1930~2016에 의해 마치 다큐멘터리처럼 상당수 기록되었기 때문에 현재 많은 사진으로 남아 있다. 그는 1953년 봄 발로리Vallauris의 길거리에서 피카소를 우연히 마주쳐 사진을 찍는데, 이 순간이 그와 피카소 사이에 우정이 시작된 시점이었다.

사진 작업을 하는
피카소와 앙드레 빌레르(1955년 칸)

무쟁, 피카소박물관

사실 앙드레 빌레르는 운이 기가 막히게 좋았다고 할 수 있다. 그는 결핵으로 인해 칸과 앙티브 사이에 있는 요양병원에서 무려 8년 동안이나 머물렀다. 사진도 이때의 취미생활에서 시작되었다. 그렇게 요양 중인 프로방스에서 자신보다 49살이나 더 많은 대가를 우연히 만났고, 그에게서 사진을 찍는 것을 허락받아 무명 시절이 무엇인지도 모르는 채 바로 스타덤에 올랐다.

빌레르 덕분에 피카소의 당시 작업실과 그의 모습은 생생하게 남았다. 피카소와 빌레르는 49세라는 나이 차에도 서로를 이해하면서 공동 작업까지 하기에 이른다. 빌레르의 사진에는 삶과 예술에서 새로운 변화를 추구했던 피카소의 열정과 가족 및 친구들과의 행복한 모습, 천진한 피카소의 모습이 담겨 있다.

피카소를 찍었다는 것은 당시 사진계의 보증수표나 마찬가지였다. 따라서 앙드레 빌레르가 찍은 초상화 사진에는 당대의 내로라하는 예술가들이 거의 망라돼 있다. 달리, 샤갈, 장 콕토, 미로, 칼더, 프레낭 레제Fernand Léger, 막스 에른스트Max Ernst, 자크 프레베르 등이 바로 그들이다.

그리고 또 한 사람. 발레르의 카메라에 자주 등장한 피사체에는 피카소의 두 번째 부인 자클린 로크가 있었다.

1953년 72세의 피카소는 마도라 도자기 공장주 조카로 공장 일을 거들던 26세 자클린과 동거를 시작했다. 당시 자클린은 전 남편 사이에 딸 하나를 둔 이혼녀였다. 이들의 동거는 자클린의 적극적인 공세로 매우 손쉽게 이루어졌다고 전해지고 있지만, 남녀상열지사의 진실은 밖에서는 알 수 없는 일이다.

80세가 되던 1961년 이들은 비밀 결혼식을 올렸다. 공식적인 그의 두 번째 결혼식이었다. 그들의 신혼집은 발로리 근처 무쟁이라는 곳에 마련되었다.

1948년 프로방스 골프 주앙 해변에서의 피카소와 프랑수와즈 질로. 로버트 카파의 유명한 사진이다.

그런데 피카소가 자클린과 결혼까지 한 것에는 여섯 번째 여인 프랑수와즈 질로와의 긴장 관계가 크게 작용한 것으로 보인다. 피카소와 무려 40세의 나이 차이가 나는 질로는 스물두 살에 그를 처음 만나 피카소와의 사이에 딸과 아들을 낳았는데, 1961년 1월 법적 소송을 통해 이 아이들이 피카소의 자식이라는 사실을 정식으로 인정받았다.

이후 질로는 피카소에게 결혼에 대한 압박을 가하기 시작했다. 피카소의 여인 가운데 가장 똑똑한데다 법대를 나와 법적 사안에도 능란했던 질로에게 피카소는 항상 부담감을 갖고 있었고, 결혼까지 할 경우 그의 말년 인생이 매우 피곤해지겠다고 충분히 생각했음직하다.

자클린과의 비밀결혼은 바로 이런 와중에 치러진 것이었다. 질로는 이 소식을 결혼식이 있던 날로부터 12일이나 지나서 알게 되었고, 엄청난 배신감에 치를 떨었다. 파카소의 여인 중에서 유일하게 피카소를 먼저 차버린 질로가 1965년『피카소와 함께 한 세월』이란 자서전으로 10년 동거 생활의 경험을 통해 피카소의 '잔인한 학대'와 파렴치한 여성 편력에 대해 노골적으로 기록한 것도 이때의 배신감이 크게 작용했다고 보인다. 이 책의 출간으로 화가 난 피카소는 자신의 프라이버시에 대한 부당한 침해라며 판매금지 가처분 신청을 냈으나 기각되었다.

화가 난 피카소는 질로가 낳은 클로드Claude, 1945~와 팔로마Paloma, 1947~가 휴가철마다 자신의 집에서 보내는 일을 금지했다. 불똥은 또 다른 여인 마리 테레즈가 낳은 마야Maya, 1935~에게까지도 튀어서 그녀 역시 아버지 얼굴을 볼 수 없게 됐다. 1966년 클로드가 아버지를 상대로 상속권 소송을 제기하면서 피카소와 자식들 사이 갈등의 골은 더욱 깊어졌다.

1954년 코트다쥐르에서 피카소 가족의 화목했던 한때.
왼쪽부터 세 번째 여인이자 첫 번째 부인 올가가 낳은 장남 파울로, 여섯 번째 여인
프랑수아즈 질로가 낳은 클로드와 팔로마, 피카소, 네 번째 여인 마리 테레즈 발터가 낳은 딸 마야

피카소는 자신의 단골 이발사며 친구로 마지막 순간까지 절친했던 에우헤니오 아리아스Eugenio Arias에게 이렇게 한탄했다고 한다.

> "아리아스. 자네는 행복한 사람이야. 자네 아들들은 직업을 가져 열심히 일하고 자네를 사랑하지 않나. 내 자식들은 무위도식하며 기껏 한다는 짓이 나를 상대로 소송 거는 짓이라네."

발로리의 이발사 아리아스는 26년 동안 천재 화가와 우정을 쌓았다. 평생 한 여자만을 깊이 사모한 이발사 아리아스와 수많은 여자의 인생을 잔인하게 망쳐놓는 데 천부적인 소질을 가진 피카소는 이상하게도 순식간에 친밀해졌다. 그들이 공유했던 것은 투우와 공산주의에 대한 신념이었다. 아리아스의 이발소는 스페인 공산당원의 회합 장소였으며, 피카소의 아틀리에는 좌

피카소와 둘째 아들 클로드의
행복했던 한때
(1948년 코트다쥐르),
로버트 카파의 사진이다.

익 친구들과 레지스탕스 대원의 아지트였다. 피카소는 아리아스를 통해 지하조직에 비밀 자금을 전달하고 망명자들을 보호하는 역할을 맡음으로써 독재와 파시즘에 저항했다.

피카소가 자식들과의 단절로 괴로워하며 폭음을 일삼자 자클린은 남편의 건강을 염려하면서 장남 파울로를 제외한 다른 자식들의 집안 출입을 엄격히 차단했다. 또한 마리 테레즈 발터의 뜬금없는 방문과 잦은 편지와 전화에 화를 내면서 30년 동안 지급하고 있는 수당을 중지하라고 피카소에게 요구하기도 했다.

어쨌든 생애 말기 피카소의 도자기 작업은 매우 열정적이며 성취욕에 가득 차 있었는데 이는 그의 상상력의 힘이기도 하겠지만, 한편으로는 그와 40살 이상 차이가 나는 마지막 여인 자클린 로크와의 동거가 주었던 힘이기도 할 것이다.

훗날 "서른 살의 젊은 여인이 어떻게 곧 여든이 되는 사람과 결혼을 결심했느냐"고 묻는 질문에 그녀는 "나는 이 세상에서 가장 아름다운 청년과 결혼했다. 오히려 늙은 사람은 나였다"라고 답했다. 그녀는 피카소에게 언제나 "나의 주인님"이라 부르며 헌신적인 사랑을 바쳤다.

그렇기에 자클린에 대한 피카소의 의존도는 그야말로 절대적이었다. 예술사학자이자 비평가인 바바라 로즈Barbara Rose, 1936~2020는 그녀의 에세이에서 이렇게 기술했다.

> "기억력이 점차 떨어지면서 자클린은 그의 꿈, 그의 판타지, 현재 진행형인 그의 극장의 연출, 그 모든 곳에 있었다. 자클린이야말로 무한

피카소 마지막 뮤즈이자 두 번째 부인 자클린과의 키스

대의 뮤즈였다. 왜냐하면 그가 자신의 영웅들, 엘 그레코El Greco, 벨라스케스, 들라크루아, 마네Edouard Manet의 뮤즈들을 그녀를 통해서 보았기 때문이다."

피카소가 마지막 뮤즈자클린와 함께 살았던 20년 동안 창작한 작품은 140여 점에 달한다. 이 중에는 자클린의 초상화도 상당수가 있는데, 피카소는 자클린을 농염한 오달리스크에서부터 순수한 신부까지 다양한 방법으로 묘사하여 그녀의 아름다움을 영원히 간직하고자 했다.

자클린은 〈알제의 여인들〉 시리즈1954~1955 15점에서도 등장한다. 앞서 말했듯 이 시리즈는 똑같은 제목의 들라크루아 그림1834에서 영감을 받은 것으로, 주제의 추상화에 있어서는 마티스에게 바치는 헌사獻詞이기도 했다. 마티스가 그림에서 색채를 해방시켰다면, 피카소는 형태를 해방시켰다.

〈알제의 여인들〉에서부터 피카소는 벨라스케스의 〈시녀들Las Meninas〉이나 마네의 〈풀밭 위의 점심 식사Le Déjeuner sur l'herbe〉 등 걸작들을 재해석하는 과정에 착수했다. 〈알제의 여인들〉은 사납고도 부드러우며, 잔인하면서도 친절한 경향의 작품 시대를 예고했다. 이 기간 동안 피카소는 포비즘, 입체파, 초현실주의, 거기에다 마티스의 화풍까지 다양한 경향들을 작품에 반영했다.

〈알제의 여인들〉 이후 그의 감정 표현에 새로운 경향성과 감정 이입이 출현하는데, 이는 이전 작품에서 유례가 없는 것이었다. 이 시기의 피카소는 자클린과 함께 이사를 온 지 7년 만에 다른 여인을 찾는 대신 그녀와 결혼하고 그녀의 곁에 남는 것을 선택했다.

피카소, 1955년, 〈터키 의상을 입은 자클린의 초상〉

피카소, 1954년, 〈꽃과 자클린(Jacqueline Avec Fleurs)〉

미국의 유명한 종군기자로 피카소 다큐 사진가 중의 한 명이었던 데이비드 더글라스 던컨David Douglas Duncan, 1916~2018 역시 작업 중인 피카소나 자클린과의 사적 생활을 작품으로 남겼다.

그가 자클린에게서 받은 인상은 사진에서의 그녀나 피카소 초상화에서의 그녀가 명백하게 똑같다는 사실이었다. 피카소의 전 여인들과 달리 자클린은 볼품없이 자세가 흐트러진 적이 없었다. 많은 사진에서 그녀는 다양한 복장과 장신구를 하고 있는데, 그것은 피카소가 그림 속에 반영시킨 것들이었다. 던컨은 그녀에 대해 "마치 또 한 명의 그녀가 캔버스에서 걸어 나오는 것 같은 일이 자주 있었다"고 표현했다.

피카소가 최고의 명성을 누렸던 시기에 만난 자클린은 피카소가 오직 작품에만 전념할 수 있도록 여러모로 세심하게 보살폈던 것으로 보인다. 생전의 피카소가 그의 숱한 과거 여인들과의 틈바구니에서 각종 갈등을 겪는 것을

피카소와 춤을 추는 자클린
(1957년 칸의 아틀리에).
더글라스 던컨의 사진이다.

봐왔던 그녀는 사후 유산을 둘러싼 법정 투쟁과 다른 여인들이 낳은 피카소 자식들과의 핏줄 싸움도 도맡아 정리했다.

피카소의 여인과 자식들

여성과의 사랑에서 피카소는 철저하게 자기중심적이었다. 여인들은 그의 욕정, 고독, 공허를 채워주는 존재로서 의미가 있을 뿐이었다. 그에게 사랑이란 다만 관능과 소유와 쾌락이었지, 희생이나 헌신은 전혀 아니었다. 게다가 피카소는 늘 한눈을 팔았다. 한 여인과 동거를 하면서도 계속 다른 여자들과 사랑을 나누었고, 밀회를 위한 밀실을 마련했다. 피카소 주변에는 그의 명성에 현혹된 여인들이 언제나 넘쳐났고, 그는 그러한 여인들과의 일시적인 쾌락에 기꺼이 몸을 던졌다.

피카소는 1943년 프랑수와즈 질로에게 "여성은 고통받는 존재다Women are machines for suffering"라고 말했다. 그들이 실제 9년 동안의 관계를 시작했을 때 61세의 이 예술가는 21세의 여학생질로에게 "내게 (여자는) 여신과 도어매트 두 종류밖에 없다"라고 잔혹하게 경고했다.

어쩌면 그에게 여자란 그림을 그리기 위한 단순한 오브제에 지나지 않을지도 몰랐다. 그의 그림에는 여인을 주제로 다룬 작품들이 넘쳐난다. 피카소가 23살에 파리의 빈민굴에서 만나 사랑에 빠진 그의 첫 번째 여인인 동갑내기 페르낭드 올리비에를 시작으로 피카소의 마지막 여인 자클린 로크까지, 그는 새로운 연인을 만날 때마다 작품 경향이 변했다. 아니 어쩌면 매 순간 여인을 바꾸면서 자신의 창작 양식을 변화시킨 것일 수도 있다. 그 정도로 그의 예술 창작에서 여인은 매우 중요한 주제였다.

피카소, 1951년,
〈프랑수와즈, 클로드와 팔로마(Françoise, Claude and Paloma)〉

피카소, 1924년,
〈어릿광대 복장의 파울로〉

피카소, 1923년,
〈그림 그리는 파울로〉

피카소, 1938년,
〈인형을 든 마야(Maya à la poupée)〉.
피카소미술관 소장

피카소, 1938년,
〈선원 복장의 마야〉

189

피카소, 1948년,
〈공을 갖고 노는 클로드〉

피카소, 1956년,
〈투우사 복장의 클로드〉

피카소, 1951년,
〈팔로마 초상화〉

피카소, 1954년,
〈모자 쓴 팔로마〉

피카소가 평소 "행동은 모든 성공의 토대다"라고 강조한 것처럼, 그는 행위에 온몸을 던지는 데 과감했다. 그는 움직임과 변화, 새로운 영역에의 도전, 예술가로서의 자신을 표현하는 새로운 방식의 시도를 사랑했다. 연애에 있어서도 그런 움직임을 적용한 것은 당연한 일이었다.

그의 고질화된 바람기는 그의 여인들에게 당연히 깊은 상처를 주었다. 피카소의 여인들은 그의 명성 뒤에 숨어 있는 변덕스러운 충동을 감내하며 오히려 메마름과 공허 속에서 살아가야 했다. 그랬어도 그 관계는 언제나 버림받는 것으로 끝났다. 오직 단 한 여자, 소르본대학교에서 철학을, 케임브리지대학교에서 문학을 공부한데다, 로스쿨까지 다녀 매우 이성적이었던 질로만이 먼저 피카소를 버렸다.

버림을 당하고 내팽겨졌어도 여인들은 피카소를 증오하지는 않았다. 그와의 생활을 통해 평범한 사람들이 맛볼 수 없는 명성을 그와 함께 향유하였고 매우 풍부한 물질적 보상을 받았기 때문이다. 사실, 보상이라는 것도 너무 간단했다. 그저 그의 그림 몇 점만 넘겨주면 해결되는 것이었다.

1970년대 90세로 접어든 피카소는 여전히 화가와 모델을 그리는 한편, 마지막으로 가족의 사랑을 담은 몇 점의 그림을 제작했다. 피카소는 이전부터 틈틈이 어린 자식들 모습을 화폭에 담았다. 못난 자식들 때문에 괴로워했고 자상한 아버지 노릇을 못한 점이 마음에 걸렸으나, 그림 속에서만은 애정을 표출했다. 사실 자식으로서의 아이가 아닌, 아이 자체는 그가 늘 사랑한 대상 중의 하나였다. 개, 고양이, 생쥐, 거북이, 앵무새를 포함한 모든 동물을 사랑했듯이.

'예술가의 가장 위대한 아이는 예술 작품이다'라는 말이 있다. 그렇지만 피

클로드와 팔로마의
그림 그리기를 도와주는 피카소(1957)

앙드레 빌레르가 찍은
클로드와 팔로마(1954)

카소는 아이들에게 예술적 영감과 상상력을 제공받는 경우에나 좋아했지, 자신을 방해하거나 징징거리면 금세 싫증을 냈다.

피카소의 자식들이 잘 자라지 못한 것은 피카소의 그런 성격과 끝없이 여인을 전전하는 바람기 탓이기도 하다. 피카소 세 번째 여인이자, 첫 번째 부인 올가 코클로바Olga Khokhlova, 1891~1955와의 사이에 태어난 맏아들로 그의 이름을 물려받은 파울로Paulo, Paul Joseph Picasso, 1921~975는 일평생 별다른 직업 없이 그저 아버지의 운전사로 지내다 결국 알코올의존자로 전락했다. 피카소의 다른 자식들도 대체로 무능해서 아버지 사후에 챙길 막대한 상속에만 관심을 두었다.

왼쪽부터 마야, 피카소, 자클린이 전 남편에게서 낳은 딸 카트린느, 자클린(1955년 칸)

1973년 4월 8일 그가 세상을 떠나고 장례식을 치르던 날은 4월의 프로방스 날씨치고는 매우 드물게 눈보라가 몰아쳤다. 그 장례식에 장남 파울로를 제외한 피카소의 다른 세 자식인 마야, 클로드와 팔로마 그리고 파울로가 낳은 손자 파블리토Pablito, 1948~1973와 손녀 마리나Marina, 1950~는 모두 참석조차 허락받지 못했다. 자클린이 강경하게 막아섰기 때문이다. 그들은 근처 언덕 위 먼발치에서 장례식을 지켜봐야만 했다.

장례식 나흘 뒤 파블리토는 락스를 마셨다. 식도와 후두가 타버리고, 위가 파괴되고, 심장이 제멋대로 날뛰는 모습으로 피범벅 속에 누워 있는 오빠의 모습을 발견한 것은 마리나였다. 파블리토는 그로부터 90일이 지나 사망했다. 피카소가 죽었다는 소식을 듣고 마리 테레즈 발터 역시 목을 매달았다.

장남 파울로 역시 약물 중독으로 사망했다. 종국에는 자클린 역시 1986년 피카소의 마드리드 전시회를 앞두고 권총 자살을 했다. 손녀 마리나는 14년 동안 정신과 치료를 받은 이후 자신의 비참한 유년시절에 대한 책『나의 할아버지, 피카소Grnad-pere』를 출간했다.

마리나가 기억하는 할아버지는 자신과 가족을 집어삼키고 절망에 빠뜨린 사람이었다. 아버지 파울로는 생활비를 얻기 위해 마리나와 오빠 파블리토의 손을 잡고 할아버지의 저택을 방문했다.

"오늘은 주인님을 만나실 수 없습니다."

대문은 아주 가끔씩 열렸고, 그 안에서 만난 할아버지는 한 뭉치의 지폐를 아버지에게 건네면서 이렇게 말하곤 했다.

피카소의 손녀 마리나 피카소(파울로의 딸)와 그녀의 할머니 올가(피카소의 첫째 부인) 초상화

"넌 무능한 인간이야. 평생 그럴 거야."

할아버지는 아이들에게 초콜릿 위에 견과류와 말린 과일을 얹은 디저트를 주곤 했는데, '망디앙Mendiant'이라는 그 과자 이름의 다른 뜻은 '거지'였다. 마리나가 여섯 살 되던 해에 아버지와 이혼한 어머니는 피카소라는 이름을 트로피로 여겼다. 그녀는 이혼한 뒤에도 종종 사람들에게 "나는 피카소의 며느리예요"라고 말하곤 했다. 정신착란과 알코올의존증에 시달렸던 마리나의 어머니는 마리나와 파블리토를 돌볼 수 없었다. 아이들은 자주 끼니를 걸렀고 멀리 있는 학교까지 걸어 다녀야 했다.

피카소가 남긴 작품은 무려 4만 5,000여 점에 달한다. 회화 1,885점, 조각 1,228점, 도자기 3,222점, 스케치 4,659점, 소묘 7,089점, 판화 1만 8,095점, 석판화 6,112점 등. 그러나 이런 엄청난 작품들은 바로 이처럼 불행한 가족사의 바탕 위에 세워진 신화였다.

피카소는 프로방스로 이주한 지 정확하게 40년이 되는 때 사망했다. 프로방스에서 보낸 그 40년은 피카소의 일생을 통틀어 가장 행복하고 생산적인 시기였다. 따라서 피카소는 문화적으로도, 감성적으로도 프로방스에 아주 강렬한 흔적을 남겨놓았다.

사실 피카소가 프로방스를 드나들기 시작한 것은 꽤 오래전의 일이었다. 피카소는 1911년 첫 번째 여인 올리비에 소개로 그의 두 번째 여인인 스물여섯 살의 에바 구엘, 본명 마르셀 윙베르Marcelle Humbert를 만나게 된다. 에바는 올리비에의 친구였지만 올리비에보다 네 살이 어렸다.

당시 에바는 폴란드에서 건너와 파리에서 본격적으로 활동하던 기하학적

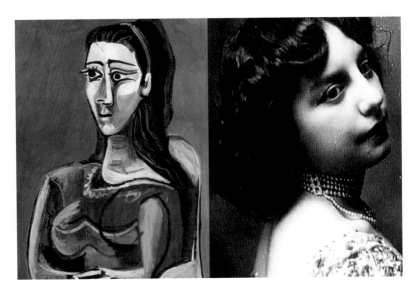

에바 구엘과 그녀의 초상화

입체파 화가 루이 마르쿠시Lou Marcoussis, 1883~1941의 모델이자 여자친구였다.
그런데 피카소가 올리비에와 결별한 다음인 1912년 5월 이들 셋은 기분전환
을 위해 남프랑스 피레네 산맥의 아름다운 마을 세레Ceret로 여행을 떠난다.
5월 18일에 여행을 떠난 이들은 세레와 아비뇽을 거쳐 6월에 교황들이 마
셨던 와인 산지로 유명한 샤토뇌프뒤파프의 입구에 있는 작은 마을 소르그
Sourgues에 도착했는데, 그때부터는 무슨 영문인지 마르쿠시가 자취를 감추
고 피카소와 에바 둘만이 여행을 하고 있었다.
이들은 소르그에 계속 머물며 새로운 연인관계를 시작했고, 7월 말이 되면
피카소의 친구로서 입체파 동지인 조르주 부라크와 그의 아내 마르셀도 소

에바를 모델로 한 〈코르셋을 하고 책 읽는 여자〉.
에바가 사망하기 전 1914년에 시작해 1917년 올가와 결혼하기 직전에
완성한 작품. 에바를 잃은 슬픔을 담아 그녀에게 헌정한 것으로,
피카소는 이를 팔지 않고 평생 보관했다.

르그에 와서 머무른다. 이렇게 이들 두 커플은 8월 중순까지 소르그에 둥지를 틀고 프로방스 이곳저곳을 다니면서 그해 여름을 함께 보냈다. 그런데 브라크의 아내 이름도 공교롭게 마르셀이었기 때문에, 서로 구분할 필요가 있어 그때부터 본명 대신 "에바"라 부르기 시작한 것이었다.

그해 여름이 다 끝나가던 9월 23일 피카소와 에바는 아비뇽을 떠나 파리에 돌아왔다. 파리 14구의 라스파유 대로Boulevard de Raspail 근처에 아파트를 빌려 동거에 들어갔다. 그들이 함께 생활하던 라스파유 대로 242번지의 스튜디오가 바로 현대미술사에 새로운 획을 그은 입체파가 탄생한 장소였다.

에바는 예쁜데다 가냘픈 청순가련형으로 조용했으므로, 피카소는 자신이 만난 여인 중 가장 만족감을 얻었던 사람이라고 고백한 적이 있다. 피카소가 분석적 입체파를 넘어 종합적 입체파로 우뚝 서던 바로 그 시기, 그는 에바를 모델로 〈누드, 에바를 사랑해〉, 〈옷을 벗은 에바〉 등의 걸작을 남겼다. 당시 그의 그림에는 '나의 사랑 에바J'aime Eva', '귀여운 에바Jolie Eva', '나의 사랑스러운 에바Ma Jolie Eva' 등으로 이름을 거명하며 수없는 키스 마크가 등장한다.

이들은 이후에도 자주 프로방스로 여행을 떠났고 아비뇽에서 곧잘 머물렀다. 그러나 에바는 자유분방하며 넘치는 열정을 가진 피카소를 감당하기에는 너무 연약했다. 1915년 2월 급성 폐렴과 결핵으로 입원한 에바는 수술 후에도 건강이 나아지지 않아 결국 그해 12월 자신의 서른 번째 생일에 파리 근교 오퇴유Auteuil 병원에서 사망했다.

피카소의 여인들

	페르낭도 올리비에 (1881~1966)	동거 기간 1904~1912
	에바 구엘 (1885~1915)	동거 기간 1912~1915
	올가 코클로바 (1891~1955)	동거 기간 1917~1935 결혼 1918년 | 이혼 1935년 아들 파울로(1921~1975)
	마리 테레즈 발터 (1909~1977)	동거 기간 1927~1937 딸 마야(1935~)
	도라 마르 (1907~1997)	동거 기간 1936~1943
	프랑수와즈 질로 (1921~)	동거 기간 1943~1953 아들 클로드(1947~) 딸 팔로마(1949~)
	자클린 로크 (1927~1986)	동거 기간 1952~1973 결혼 1961년

피카소가 프로방스에 남긴 자취들

피카소는 결코 한곳에 오랫동안 정착하지 못했다. 그렇지만 유랑인의 불안한 정신은 그의 일에 활기를 불어넣었으며 변화에 대한 끊임없는 필요성에도 반영되었다. 그는 생애의 마지막을 프로방스의 앙티브, 칸, 엑상프로방스, 무쟁으로 이동하며 보냈다. 결과적으로 코트다쥐르는 그의 예술혼으로 가득차게 되었고, 이곳으로의 여행은 그의 삶을 떠올리게 한다. 이를 간략히 정리하자면 다음과 같다.

앙티브

1946년 프로방스로의 이전은 예술적으로 매우 심각한 변화를 의미한다. 피카소가 앙티브에 첫발을 내딛는 순간 파리에서의 '청색시대'는 끝이 났다. 그는 예전과 달리 매우 유희적인 작품을 만들기 시작했다.

피카소, 1946년, 〈삶의 환희(La Joie de Vivre)〉. 피카소미술관 소장

앙티브 피카소박물관에 전시된
여류 조각가 제르멘 리시에(Germaine Richier, 1902~1959)의 작품들.
그녀는 앙티브 윗마을 그라스 출신이다.

앙티브 해변에 위치한 피카소박물관

피카소박물관에 설치된
프랑스 현대조각가 니콜라스 라바렌느(Nicolas Lavarenne)의 작품

만약 당신이 샤토 그리말디Chateau Grimaldi, 지금의 피카소미술관의 요새화된 창문으로 파란 지중해를 바라본다면 피카소의 영감이 어디서부터 왔는지, 그의 열광을 이해하기가 매우 쉬울 것이다.

"나는 단순히 그림을 그리는 것이 아니라, 미술관을 장식하기도 하는 것이다"라고 피카소는 격앙돼서 말하곤 했다. 그의 그림 〈삶의 환희La Joie de Vivre〉는 65세가 된 그 자신을 반영한다. 프랑스는 다시 자유로워졌고, 유럽은 제2차 세계대전의 상처를 치유하는 중이었으며, 예술가는 사랑에 빠져 있었다. 앙티브의 피카소박물관보다 아름다운 위치에 있는 아트 갤러리는 찾아보기 힘들다. 가리말디 궁전의 석탑 아래 테라스에서 당신은 해안부터 저 멀리 회색의 페라 곶Cap Ferrat까지 이르는 빛나는 바다를 볼 수 있다. 햇살은 수면을 두드리고 요트는 그 사이를 게으르게 지나쳐간다. 바다와 잇닿아 있는 성벽의 모퉁이에서는 아이들이 노를 저어 돌아다니고, 중세의 성벽 안에는 화랑의 벽화들이 위대한 예술가의 매우 유희적이고 별로 힘을 들이지 않은 듯한 작품들과 함께 걸려 있다.

피카소는 이 성채를 1946년 가을에 스튜디오로 사용했다. 이 시기는 스페인에서 추방당하고 이리저리 떠돌아다니는 그의 삶에서 짧지만 매우 분명하게 행복했던 간주곡과 같았다. 이 미술관에 걸려 있는 그의 그림 〈삶의 환희〉의 여름철 밝은 푸른색과 노란색은 아마도 그런 정서의 복제였을 것이다. 목신•과 켄타우로스••가 연주하는 팬파이프 선율에 따라 벌거벗은 모델이

• 牧神, faun. 반은 사람, 반은 양의 모습을 한 사냥과 목축을 담당하는 신으로, 그리스 신화의 판(Pan), 로마 신화의 파우누스(Faunus)에 해당한다.
•• Kentauros. 그리스 신화에 나오는 반인반마(半人半馬)의 괴물

그리말디 성에서의 피카소와 질로

해변에서 춤을 추는 동안 고깃배는 수평선을 올라온다.

피카소는 일 년여의 작업을 마치고 앙티브를 떠날 때 44점의 그림을 기증했다. 이것이 앙티브 피카소박물관의 기초가 되었다. 그런데 사실 피카소가 그리말디 성을 찾은 것은 그의 여섯 번째 여인 프랑수와즈 질로와의 애정어린 도피 행각 때문이었다. 당시 도라 마르와 동거하고 있던 와중에 무려 마흔 살이나 어린 스물한 살의 질로를 만나서 홀딱 빠진 그는 도라 마르의 눈길을 피해 그림을 그린다는 핑계로 질로와 함께 프로방스의 앙티브에 새로운 밀애 장소를 꾸몄다.

그리말디에서 그린 그림에 〈삶의 환희〉라는 제목이 붙은 것도 다 이런 이유다. 환갑노인이 이제 갓 스무 살을 넘긴 처녀와 4개월씩이나 동거를 하는데 어찌 삶의 환희가 아닐 수 있으랴. 이처럼 그는 새 여인이 생길 때마다 그들을 프로방스 리비에라로 데려왔다.

앞서 말했듯 질로는 케임브리지와 소르본대학교에서 공부를 했고, 변호사 시험도 1차는 합격한 상태였다. 그러나 그녀의 속마음엔 법률가가 아닌 화가가 되고 싶다는 욕망이 들끓고 있었다. 그런 열정에 불타고 있던 그녀가 피카소를 우연히 만나게 된 것은 그야말로 끓는 물에 기름을 붓는 격이었다.

피카소를 처음 만나던 날 질로는 학교 친구이자 예술가인 주느비에브 엘리퀴Genevieve Allquot와 함께 레스토랑 '르 카탈랑Le Catalan'을 갔는데, 영화배우 알레인 커니Alain Cuny와 같이 온 피카소와 동석을 하게 됐다.

발로리 광장에 세워져 있는
피카소 조각〈양을 든 남자〉

"어색한 자리였는데 친구가 '피카소지만 아무 일도 없을 거야'라고 귓속말을 했어요. 나는 21세, 그는 61세였으니까요. 그런데 어쩐지 나는 그 두려운 밤에 무슨 일이 일어났으면 하고 바라고 있었는지 몰라요."

"물론 피카소의 여성 편력에

대해서는 알고 있었죠. 피카소를 처음 만난 날 그 저녁 자리에 도라 마르가 나왔어요. 함께 저녁 식사를 했죠. 피카소가 도라를 부른 것 같지는 않아서 어쩐지 두려운 시간이었어요. 그렇지만 이상하게 끌렸어요. 피하고 싶지 않은 두려움이었죠. 결국 대참사를 받아들이던 순간이었고요. 그렇게 시작되었죠. 도라가 무서워 우리는 프로방스로 떠났어요."

피카소와 헤어진 질로가 나중에 잡지 「보그Vogue」에 기고한 글의 내용이다.

발로리

피카소는 앙티브에서 불과 몇 마일 거리의 발로리에서 세라믹의 신세계를 발견했다. 그는 도자기 공장에서 접시나 컵, 그가 흥미를 느끼는 모든 오브제에 부엌칼 혹은 의도되지 않은 무작위 도구로 표면에 패턴을 새기거나 하는 놀이실험를 즐겼다.

발로리의 국립피카소박물관은 16세기에 재건된 것으로, 이 지역에서 드문 르네상스 시대의 건축물 중 하나인 발로리 성Chteau de Vallauris에 들어섰다. 피카소박물관 이외에도 마넬리박물관, 도자기박물관이 함께 들어서 있다.

알베르토 마넬리Alberto Magnelli, 1888~1971는 피렌체 출신으로 피카소와 동시대의 화가다. 종종 추상화의 선구자 중 한 명으로 인용되는 그 역시 발로리에 자신의 주목할 만한 작품들을 전시하길 원했다. 도자기박물관에는 피카소 작품은 물론, 오늘날과 옛날의 발로리 도자기들을 다양하게 전시하고 있다.

발로리 피카소박물관을 빛내주는 것은 피카소의 그림〈전쟁과 평화La Guerre

발로리 성에는 국립피카소박물관, 세라믹박물관,
마넬리박물관이 함께 있다.

피카소, 1952년, 〈전쟁과 평화〉

〈전쟁과 평화〉 중 '전쟁'의 일부

〈전쟁과 평화〉 중 '평화'의 일부

et la Paix〉다. 이 그림은 특이하게도 지하 벙커처럼 생긴 인공 동굴의 벽화로 그려졌다. 1952년에 완성한 이 그림은 피카소의 정치적 주제의 마지막 표명으로, 평화선언을 택한 것이라 할 수 있다. 그는 1956년 100제곱미터 크기의 이 두 작품을 프랑스 정부에 기증함으로써 발로리에 국립피카소박물관이 생길 수 있었다.

앙티브 그리말디 성에서 질로와 밀애를 즐겼던 피카소는 발로리로 거주지를 옮긴 다음에는 아예 질로와 동거를 시작했다. 그가 발로리에서 머문 기간은 1947년부터 1955년까지다. 발로리의 새로운 스튜디오는 '빌라 라 갈루아즈 Villa la Galloise'였다.

발로리에 살던 어느 날 피카소는 질로와 함께 마티스 집을 방문했다. 마티스는 그에게 "네가 이미 비둘기들을 많이 그렸으니 너에게 줘야겠다"라고 말했다. 역시 화가였던 피카소 아버지의 반려동물도 비둘기였기 때문에 피카소는 어릴 적부터 비둘기와 함께 보낸 시간이 많았다. 피카소가 태어나서 제일 처음 그린 그림은 바로 비둘기 발이었고, 나중 그의 그림에도 비둘기가 종종 등장했다.

피카소와 질로는 마티스가 준 비둘기 네 마리를 선물로 받고 집으로 데려왔다. 질로는 나중 이 비둘기가 '아주 뛰어난 예술적, 정치적 이력'을 갖게 되는 방향으로 나갔다고 회상했다.

피카소는 1944년 10월부터 프랑스 공산당원으로 활동했는데, 공산당은 1949년 1월 피카소에게 그해 파리에서 개최되는 '제1차 세계평화회의' 홍보 포스터 제작을 의뢰했다. 그러자 피카소는 보편적인 '평화의 상징'으로 무엇이 좋을까 고민하다가 『성경』에 나온 올리브 가지를 물고 온 비둘기를 떠올

피카소, 1953년, 〈발로리의 집들〉.
삶의 환희가 넘친 나머지 유아적인 성향까지 나타난다.
이는 발로리를 묘사한 다른 그림에서도 마찬가지였다.

리며 평화의 주제로 비둘기를 선택했다.

그리하여 그가 묘사한 흑백 석판화의 비둘기 한 마리가 공산당의 세계평화 회의를 광고하는 포스터에 등장하여 오늘날까지 평화의 상징이 되고 있다. 발로리 피카소박물관을 빛내주는 피카소의 그림 〈전쟁과 평화〉에서도 비둘기는 악의 세력에 맞서는 평화의 방패에 그려져 있다.

그런데 피카소에겐 또 하나의 비둘기가 있다. 발로리의 새 보금자리에서 질로는 1947년 5월에 피카소의 둘째 아들 클로드를 낳고, 2년 뒤인 1949년 4월에는 딸 팔로마를 낳는다.

발로리 '평화의 사원'에서
비둘기를 그려넣는
피카소(1953)

팔로마Paloma는 스페인어로 비둘기라는 뜻이다. 피카소는 딸의 이름을 비둘기로 지으면서 우리 가정에도 이제 평화가 깃들 것이라고 기대했다. 또한 팔로마가 태어난 1949년은 공산당 세계평화회의 비둘기 포스터를 발표한 때이기도 하다.

피카소는 이후에도 지속적으로 평화를 주제로 한 비둘기 그림을 많이 그렸다. 한국전쟁이 발발한 이후인 1950년 11월, 영국 쉐필드에서 열린 제2차 세계평화회의 포스터에도 평화의 상징으로 비둘기를 그렸고, 그해 11월 22일에 '레닌 평화상'을 수여했다.

그런데 발로리의 피카소는 아이들만 얻은 게 아니었다. '빌라 라 갈루아즈'에서 그는 250여 점의 조각을 만들었고, 1949년 여름 필라델피아미술관의 제3회 국제조각전에 작품을 출품했다.

이때부터 그의 명성이 국제적으로도 한없이 치솟아 그를 보고 싶어하는 방문객들이 조그만 시골마을 발로리로 몰려들었다. 그에 대한 세인의 관심은 발로리 이전과 이후로 나뉠 정도였다. 발로리의 그는 여러모로 '삶의 환희'를 만끽했다.

프로방스에서 질로와의 생활은 당연히 그의 그림 세계에도 변화를 가져왔다. 문학을 깊이 공부한 질로의 영향으로 피카소는 그리스 신화에서 새로운 영감의 여러 모티브를 찾아낼 수 있었고, 그림 속에 신화 속 등장인물들을 녹인 독특하고 목가적인 세계를 만들어냈다.

그런데 앞서 말했듯 피카소는 여기서도 도자기를 만들다 만난 마지막 여인 자클린과 바람을 피우기 시작했다. 1953년이 되면 갈등 끝에 질로는 '라 갈루아즈'를 떠나고 이곳의 여주인은 자클린으로 바뀌게 된다.

도자기를 만들기 위해 발로리 마도라 공장을 찾은 질로와 피카소.
피카소는 여기서도 새로운 여인에게 한눈을 팔았다.

피카소와 브리지트 바르도

1956년 「라이프」는 당시 최고의 섹시스타로 떠오른 브리지트 바르도를 데려와 이 집에서 특집을 만들었다. 그의 인기를 대변해주는 일이었다.

칸

질로와 두 아이들, 클로드와 팔로마와의 추억이 잔뜩 묻어 있는 발로리 집에서 계속 새 여자와 산다는 것은 피카소에게도 자클린에게도 마뜩찮은 일이었다. 그리하여 피카소는 발로리에서 약간 밑으로 칸 바다를 내려다보는 언덕에 새 여인을 위한 새집을 구한다. 이 스튜디오의 이름은 현재 "라 칼리포

발로리 피카소 스튜디오에서의 브리지트 바르도

니La Californie", 즉 '캘리포니아 빌라'로 불린다.

원래 이 빌라는 모스크바의 프랑스 영사 유진 트리페Eugene Tripet, 1816~1896와 러시아의 부유한 상속녀인 아내 알렉산드라 페오도로브나 스크리피치네 Alexandra Feodorovna Skrypitzine, 1818~1895가 1848년에 칸으로 이사해 만든 저택으로, 아내의 이름을 따 "빌라 알렉산드라"라고 불렸다. 이후 이 빌라 주변에는 러시아로부터 망명해온 귀족 출신들의 거주지가 많이 생기면서 '리틀 러시아'라는 별명이 붙었다.

1903년 유진의 아들 살리냑 페네롱 장군General Vicomte de Salignac Fenelon이 빌라 인근의 땅을 더 사들여 전면적인 개축에 들어갔고, 1920년 공사가 끝난 다음부터는 "빌라 페네롱"이라 불렸다.

피카소는 1955년에 이 집을 사서 자클린을 불러들였다. 그는 이 집에서 1958

빌라 라 칼리포니

피카소, 1958년, 〈칸의 만〉. © RMN/GP/MR/SP

년 〈칸의 만Bay of Cannes〉을 그렸다. 이 그림은 건물로 가득차 해변이 가려진 좀 답답한 모습의 바다를 묘사하고 있는데, 이 그림처럼 그의 집 역시 앞에 들어선 다른 건물들로 인해 바다 전망을 더 이상 볼 수 없게 되었다. 게다가 그를 보려는 사람들도 더 많이 몰려들어 평온한 일상을 유지하기 힘들어졌다. 그러자 피카소는 이 집을 두고 사람들의 시선을 피할 수 있는 산과 가까운 곳으로 다시 이사를 한다.

이 집에서는 피카소가 소유한 부동산 현황을 조사하던 중 그동안 알려지지 않았던 많은 작품들이 발견되어 그의 이름을 지닌 국립박물관의 컬렉션 일부를 구성하게 되었다. 이 집은 손녀인 마리나 피카소가 스물두 살의 나이에

피카소의 많은 작품들과 함께 물려받았다. 그녀는 1987년에 복구 작업을
마치고 '꽃의 궁전Pavillon de Flore'이라고 이름을 바꾸었으나, 2015년에 이 집
을 매각했다. 이 집은 마리나가 물려받을 당시만 해도 1억 1,000만 파운드를
호가했던 것으로 알려졌다. 2015년 집을 매각할 당시 마리나는 피카소의 도
자기 작품 126점도 함께 팔았는데, 소더비는 그 가격을 590만 파운드로 책
정했다.

마리나는 이 집을 매각한 이유에 대해 어린 시절의 고통스런 기억 때문이라
고 했다. 그녀는 한 인터뷰에서 이렇게 말했다.

"좋은 추억이 별로 없는 집이다. 나는 여기서 할아버지를 거의 보지
못했다. 나는 그가 그림에 사로잡혀 그림보다 그에게 더 중요한 것은
아무것도 없었다는 사실을 잘 알고 있었다. 당신은 어린 시절 그 같은

경험을 절대 해보지 못했을 것이다."

보브나르그

1959년 피카소와 자클린 커플은 프로방스 내륙 유명한 빅토르Victoire 산 밑 둥치에 가까운 엑상프로방스 인근 보브나르그Vauvenargues에 둥지를 틀었다. 샤토 보브나르그는 피카소가 70대를 대비해 미리 사놓은 영지였다.

보브나르그의 이전은 피카소 예술에 또 한 번 전환점이 되었다. 엑상프로방스 가르네미술관Musée Granet의 큐레이터 브루노 엘리Bruno Ely는 "그 시기 피카소는 섹스에의 추진력을 상실하고 인생에서도 하향곡선을 그리는 시기였지만, 놀랄 만한 에너지로 밤을 새워 그림을 그리곤 했다"고 말한다. 그는 그림 그리기를 결코 멈추지 않았고, 열정으로 이를 지속했다. 마네의 그림을 재해석한 〈풀밭 위의 점심 식사〉도 보브나르그에서 그린 작품이다.

그가 이 성채를 구입했을 때 어쩌면 자신이 남은 인생을 보낼 곳이라고 생각했는지 모른다. 그렇기에 그의 모든 브론즈 작품이 테라스에 배치되도록 하고, 평생 수집한 수백 점의 그림을 동굴 같은 방에 쌓아놓았을 것이다. 그는 이 성채의 크기와 고립된 환경을 좋아했다.

이 성채는 북부 프랑스처럼 화려하고 호화로운 샤토Château, 봉건시대 성곽이나 요새, 장원 영주의 대저택을 말함는 아니었다. 이 저택은 17세기의 치장용 벽토 작업을 한 것을 제외하고는 중세 성 그 자체다. 벽은 흰색이고, 바닥은 일반 테라코타 타일로 장식되어 있다. 이 스페인적인 간결함과 가혹한 햇볕에 바싹 마른 주변 산의 풍경은 1958년 그가 이 성채를 구입할 때 피카소의 마음에 든 요소 중 하나다. 성채의 또 다른 매력은 전망이었다. 그 전망에는 세잔이 작

보브나르그의 피카소 집. 말년의 피카소는 이전의 다른 집들과 달리
바닷가가 아닌 산속 고립된 환경에 놓여 있는 이 넓은 성채를 좋아했다.

품 소재로 즐겨 그렸던 생 빅투아르 산의 웅장한 단층지괴가 포함돼 있었다. 피카소는 그의 딜러인 다니엘Daniel-Henry Kahnweiler에게 전화를 걸어 그가 세잔의 생 빅투아르를 구입했다고 말했다. 피카소가 세잔의 그림을 말하고 있다고 생각한 그가 "어느 것?"이라고 묻자, 피카소는 이렇게 대답했다.

"원래의 산."

피카소는 인근 엑상프로방스에서 살았던 '위대한 프랑스 화가'에게 경외심을 갖고 있었기 때문에 항상 그를 "므슈 세잔Monsieur Cézanne"이라고 존칭어를 붙여 불렀다. 세잔은 피카소에게 '나의 하나뿐인 유일한 스승my one and only master'이었다.

이런 경외감은 심지어 피카소가 자신의 버전으로 그 산을 그리는 시도를 막기까지 한 것으로 보인다. 피카소는 보브나르그에서 풍경화를 그릴 때, 항상 빅투아르 산을 등지고 마을을 보며 그렸다.

세잔과 피카소는 단 한 번도 같이 작업한 적이 없었지만그들은 42살의 나이 차이가 난다, 그림 대상에 대한 시각적 변화가 주는 매혹을 서로 공유했다. 세잔은 똑같은 대상이지만 서로 다른 빛을 받고 있는 빅투아르 산을 무려 200여 번이나 그렸고, 피카소는 큐비즘 작업에서 그 관점을 반영했다.

엑상프로방스에서 태어난 세잔은 파리와 북부 프랑스를 여러 차례 다녀온 후 다시 고향의 강한 빛, 이와 대비되는 역동적인 그림자의 세계로 돌아왔다. 근본적인 자연의 형태에 대한 그의 탐구는 그의 뒤를 이은 많은 예술가들, 특히 세잔을 "우리 모두의 아버지"라고 부른 피카소를 고무시켰다.

세잔이 즐겨 그렸기 때문에 피카소가 경외심을 가졌던 생 빅투아르 산

피카소의 그림 〈만돌린을 든 여인Woman With a Mandolin〉은 세잔의 영향을 보여
준다. 또한 1877년 세잔의 그림 〈5명의 목욕하는 사람들Five Bathers〉은 1907
년 피카소 그림 〈아비뇽의 여인들〉에게 영감을 주었고, 피카소가 소장한 세
잔 그림 2점 가운데 하나였다.
어쩌면 피카소의 마지막 휴게소무덤가 '세잔의 산'을 향하고 있는 것은 당연
한 일인지도 모른다. 그는 성채의 서쪽 문 밖 잡초로 뒤덮인 단순한 야산 자
갈 벽의 마치 수위실 같은 조그만 방에서 1986년에 권총 자살한 자클린 옆
에 나란히 묻혀 있다. 표지판이나 비문도 없지만 그의 브론즈 하나가 그 곁을
지키고 있다. 피카소가 1933년에 제작한 그 누드 브론즈는 1939년 파리 국제

전시회에서 〈게르니카〉 옆에 나란히 전시되었던 작품이었다.

화가를 이곳에 매장하기로 한 것은 자클린의 결정이었지만, 어떤 면에서 그것은 매우 이상한 것이었다. 이들 커플은 코트다쥐르의 따뜻한 쾌적함으로 돌아가기 위해 2년 만에 이곳을 떠나 무쟁으로 갔다. 이들이 무쟁으로 간 것은 순전히 자클린이 이곳을 별로 좋아하지 않았기 때문이다. 피카소가 스페인을 연상시킨다고 하여 좋아했던 환경을 자클린은 너무 휭하고 박정하다고 느꼈다.

50대 초반부터 화가가 사망할 때까지 절친한 친구였던 사진작가 루시앙 클레르그Lucien Clergue, 1934~2014는 피카소가 그리말디 성에서 거주할 때와 마찬가지로 보브나르그에서의 생활은 매우 짧은 간주곡에 지나지 않았으며, 프로방스가 황량한 성채보다 피카소에게 훨씬 많은 의미가 있었다고 추억했다.

그들은 아를의 투우장에서 처음 만났는데, 클레르그는 자신과 스페인 출신 화가가 투우에서 공감했던 열정에 대해 자세히 이야기하길 좋아했다. 마타도르matador, 경기 마지막 순간 소의 심장에 칼을 찌르는 투우사가 경기장을 나가면서 그에게

피카소, 1910년,
〈만돌린을 든 소녀(Girl with a Mandolin)〉.
© 1910 Estate of Pablo Picasso. Reproduced
with permission, Artists Rights Society (ARS),
New York, USA

발로리에서 투우 경기를 보는 자클린과 피카소(1955). 피카소 옆은 장 콕토, 자클린 위에 팔로마, 그 옆이 마야와 클로드

존경의 예를 갖추었을 때를 찍은 그의 사진에서 피카소는 마치 로마 황제처럼 이를 관장한다. 무쟁으로 이사를 간 다음에도 피카소는 가끔 보브나르그로 와서 아를이나 님Nîmes 혹은 발로리의 투우 경기를 보러 가곤 했다.

화가와 그의 가족들은 이 성채에서의 그들 생활을 영상으로 기록했는데, 이 기념비적인 아마추어 영상을 보면 피카소가 얼마나 이 새로운 출발을 즐거워했는지 바로 느낄 수 있다.

피카소는 당시 80세였지만 여전히 활력에 차 있었다. 이 성의 주인인 대가는 높은 창에서 자신의 영지를 내려다보고, 애완견 페로와 함께 놀기도 하며, 그의 아이들과 수다를 떤다. 이 장면들을 그의 헌신적인 동반자로 이제 곧 두 번째 부인이 될 자클린이 애정이 가득찬 눈으로 바라보고 있다.

이 영화는 지난 2009년 여름, 엑상프로방스 가르네미술관Musée Granet의 피카소 특별 전시회 일정에 맞춰 피카소가 사망한 지 36년 만에 처음으로, 보브나르그 성채를 방문한 사람들에게 공개되었는데 기간은 단지 4개월뿐이었다. 피카소의 의붓딸자클린의 딸 캐서린 후틴Catherine Hutin이 상속받은 이 성채는 40년 전과 달리 이제는 프로방스 개인 저택의 분위기를 간직하고 있다. 화가의 간소한 침실과 욕실, 아직도 물감이 흩뿌려져 있는 스튜디오 관람은 모두 투어의 일부가 되었다.

일반인에게 개방된 1층 식당에는 피카소의 그림 9점에 등장하는 거대한 검은 바로크 옷장, 그의 정물화에 보이는 만돌린 그리고 그가 좋아했던 윤기 나는 오크 테이블이 있다. 마티스와 모딜리아니는 벽에 걸려 있고, 자클린의 흉상이 모퉁이에서 있다.

위층 그의 침실 하얀 벽은 껍질이 벗겨져 반석회인 상태로 남겨졌다. 간이 욕

발로리 투우장에서 비키니 차림 낯선 여인의 키스 세례를
받고 있는 피카소(1956). 그 옆의 모자 쓴 이는 역시 장 콕토

피카소와 그의 달마시안 애완견 페로(1961)

실의 한 벽에는 소나무 사이 목신을 그린 초자연적인 느낌의 벽화가 있는데, 이는 누군가가 와서 타일 작업을 하려 했던 것이지만, 그 일을 할 장인이 없자 피카소가 시멘트 위에 직접 그린 것이었다.

그가 마지막 그림을 그린 뒤 아무도 손대지 않고 그대로 남아 있는, 하얗게 회벽칠이 된 그의 스튜디오에서는 많았던 개를 위한 V자 형태의 던지기 장난감이 놓여 있고, 구석에는 샤갈의 딸이 그에게 선물한 커다란 스키틀 놀이* 기구도 볼 수 있다. 테라코타 바닥에는 물감 자국들이 여기저기 흩뿌려진 채로 여전히 남아 있고, 커다란 이젤들도 포개져 있다. 또한 커다란 팔레트도 놓여 있다. 피카소는 생전에 탁자에다 그대로 물감을 혼합하는 경향이 있었지만 말이다.

무쟁

1961년 피카소 커플은 다시 칸 근처로 이주했다. 피카소는 그의 주치의 곁에 있길 원했다. 무쟁은 피카소가 언덕 위 한적한 곳에서 이미 머무른 적이 있었으므로, 낯선 곳이 아니었다. 피카소는 이곳에서 그의 생애의 마지막 12년을 보냈다.

평소 "사랑은 삶의 최고의 활력소"라고 말해왔던 그는 정말 행운아였다. 1973년 4월 8일 92세의 그가 자클린 옆에서 세상을 떠났으니 말이다.

그런데 무쟁 마을 당국이 그의 사체를 그의 정원에 묻는 것을 허가하지 않았기 때문에 자클린과 피카소의 장남 파울로는 피카소의 관을 보브나르그로

---

* 볼링의 핀같이 생긴 아홉 개의 스키틀(skittles)을 세워놓고 공을 굴려 쓰러뜨리는 경기

피카소가 숨을 거둔 무쟁의 집. 전형적인 프로방스 양식의 집이다.

옮겼다. 그의 시체가 도착한 4월 10일 보브나르그에는 기이하게도 눈이 내렸다. 비탄에 사로잡힌 자클린은 피카소 가족 대부분, 프랑수와즈 질로를 비롯한 피카소의 옛 여인들과 팔로마, 클로드 등 피카소의 자녀들이 장례식에 참석하는 것을 금지했다. 이 때문에 마리 테레즈 발터도 빨간 스포츠카를 몰고 왔지만, 되돌아가야만 했다. 그날 샤토는 거대한 장막이 내려져 있었다.

당시 현지 언론은 보브나르그가 20세기 가장 유명한 예술가 중 한 명을 위한 추모 및 예술 순례의 장소가 될 것이라고 예측했다. 그러나 그렇게 되지 않았다. 자클린은 성채에 재단을 세우고 싶어했으나, 이 지역에서는 이와 관련한 아무것도 할 수 없었다. 심지어 피카소 사망 이후 4년이 지나도록 보브나르그 주민 중 아무도 그의 묘지를 보지 못했다.

무쟁의 집 빌라 노트르담 드 비Villa Notre-Dame-de-Vie를 상속받은 캐서린 후틴은 20년 넘게 이 집에서 살지 않았고, 지난 2007년 네덜란드 사업가에게 1,200만 유로에 팔았다. 이 집을 정말 좋아했던 그 사업가는 대대적인 리모델링을 하고, 피카소의 그림에도 나오는 신화 속 괴물의 이름을 따서 이 집을 "미노타우루스의 동굴Cavern of the Minotaur"이라고 불렀다.

그러다가 이 역사적인 장소는 지난 2017년 10월 브루나이 왕자와 관련된 뉴질랜드의 한 부동산 중개업자에게 팔렸다. 이 집은 약 3,000만 유로의 가치가 있는 것으로 판단되었으나, 아무도 사려는 사람이 없어서 2,200만 유로에 낙찰되었다.

그런데 캐서린 후틴에 의해 지금까지 있던 그 어느 피카소 박물관보다 더 큰 박물관 건립이 추진되고 있다는 소식이다. 그녀는 최근 1만 6,000스퀘어가 넘는 엑상프로방스의 한 건물을 1,400만 달러에 구입해 1986년 그녀의 어머니자클린가 남긴 피카소의 그림, 조각, 도자기 등을 전시할 예정이라고 한다. 캐서린은 보다 일찍 박물관을 만들려 했지만, 상속세 문제로 인해 아주 오랜 시간을 보냈던 것으로 알려졌다. 자클린은 그녀의 딸에게 피카소 작품 대다수인 무려 2,000점의 그림을 물려주었다. 따라서 캐서린이 새로 만들 피카소박물관은 기존의 그 어느 피카소박물관파리, 앙티브, 발로리, 스페인 말라가와 바르셀로나등보다 많은 작품을 소장한 박물관이 될 예정이다.

모델 리디아 코르베

리디아 코르베는 피카소의 요청에 따라 모델이 된 극소수의 한 명이었다. 1954년의 몇 달 동안 아름다운 한 소녀가 세기의 가장 위대한 예술가의 삶에 들어갔다. 이 사건은 마법 같은 에피소드로 변했고, 그녀의 인생을 바꾼 멋진 행운의 스트로크였다. 당시 피카소는 발로리에서 살고 있었는데 19살의 실베트 다비드Sylvette David가 그녀의 남자친구 토비Toby와 함께 있는 것을 보았다. 피카소는 그녀의 완벽한 아름다움과 우아함에 대한 거의 아버지다운 평가 속에서, 그녀에게서 그 어떤 것도 빼앗으려 하지 않고(이전 여인들과 달리 섹스의 대상으로 삼지 않고), 그녀에게 자기 자신이 특별하다는 자신감을 주었다. 실베트는 60개가 넘는 초상화 시리즈의 대상이 되었다. 완전히 자연주의적인 것에서부터 철저한 입체파까지. 이 작품들이 나중에 전시되었을 때 사람들은 전시물의 기교에 경탄하며 열광적인 반응을 보였다. 실베트는 단순한 포즈 이상의 '그 무엇'이었다. 당시 73세였던 피카소는 프랑수와즈 질로와 헤어져 점점 다가오는 사망의 시간과 치열하게 싸우고 있었는데, 실베트의 순수함과 수줍은 단순성에서 기력을 회복하고 열정을 되찾았다. 그 대가로 실베트는 좋은 토양을 기반으로 자신감 있게 삶을 이어갔다. 발로리에서 피카소의 뮤즈로 활동한 이후 화가, 조각가, 도예가로 살면서 리디아 코르베로 꽃을 피웠다. 그녀의 딸 이자벨 콜튼Isabel Coulton, 1963~이 엄마에 대해 쓴 책『나는 실베트였다 I Was Sylbett』는 그녀의 매혹적인 삶의 여정을 묘사하고 있다.

리디아와 피카소

235

Marc Chagall

CHAPTER 3

MARC CHAGALL
샤갈

Marc Chagall
1887 - 1985

우리의 삶에는 오직 한 가지의 색채만 있다.
예술가의 팔레트에
삶과 예술을 부여하는 그것은 '사랑의 색채'다.

샤갈, 죽을 곳을 찾아
전 세계를 누비다

방랑자 샤갈

샤갈은 떠돌이였다. 그는 방랑자였다. 샤갈의 생애와 작품 활동은 초기 러시아 시기¹⁹⁰⁶~¹⁹¹⁰, 1차 파리 시기¹⁹¹⁰~¹⁹¹⁴, 후기 러시아 시기¹⁹¹⁴~¹⁹²², 2차 파리 시기¹⁹²³~¹⁹⁴¹, 미국 망명 시기¹⁹⁴¹~¹⁹⁴⁸, 프로방스 시기¹⁹⁴⁸~¹⁹⁸⁵로 나뉜다.

샤갈의 마지막 안식처가 된 생폴 드 방스 전경

샤갈, 1957년, 〈방스의 연인들(the lovers of vence)〉

그는 1948년 미국에서 돌아온 이후 프랑스 이곳저곳을 다니면서 살 곳을 물색하다가 최종적으로 니스에서 30km 떨어진 생폴 드 방스에 정착했다. 위시기 구분에서 보듯 프로방스에서 살았던 기간이 37년으로 가장 길다. 그의 무덤 역시 이 마을에 있다.

당시 러시아에 속했던 벨라루스의 비텝스크Vitebsk를 떠난 이후 프로방스에서 그는 비로소 마음의 안식을 얻었다. 결국 최종 안식처가 되었다.

1949년 샤갈은 마티스 예배당과 가까운 방스에 집을 샀다. 그리하여 마티스, 매그 부부와 이웃이 되었다. 샤갈을 방스로 이끈 힘은 무엇이었을까? 위대함이 위대함을 이끈다고 마티스와 피카소가 그를 끌어당긴 것이었을까?

두 거장 마티스와 피카소의 영향도 있었겠지만, 해답은 '프로방스의 색깔'에 있다. 앞에서 "아침마다 새로운 니스의 광선을 발견합니다. 나는 나의 행운을 도저히 믿을 수 없습니다"는 마티스의 고백을 이야기했다. 샤갈 역시 똑같은 찬탄사를 표현했다.

> "남쪽에서, 내 생애 처음으로, 나는 내 나라에서 본 적이 없는 풍성한 녹색rich greenness을 보았다."

샤갈 역시 그의 작품에 필수적인 프로방스의 햇빛과 밝은 색조에 영감을 받은 것이다. 프로방스에서 보낸 세월은 샤갈의 최고 전성기였다. 국제적인 명성을 얻기 시작해 그의 전시회나 실내장식모자이크와 스테인드글라스을 요구하는 곳이 점점 많아졌다. 1968년 니스 시는 니스대학 법학부의 거대한 벽을 장식하기 위해 샤갈에게 위임했고, 소설가이자 문화부장관이었던 앙드레 말로

샤갈, 1967년, 판화
〈장미 부케와 영국인 산책로(Baie des Anges with Bouquet of Roses)〉.
니스 해변의 '영국인 산책로'가 배경이다.

샤갈, 1962년, 석판화
〈영국인 산책로(La Baie des Anges)〉

는 파리 오페라 극장의 천정을 다시 칠하도록 부탁했다.

현란한 빛으로 가득찬 축제와도 같은 분위기가 그의 작품 속에 분명하게 등장하는 것도 바로 이 시기다. 태양은 도처에서 찬란한 얼굴을 드러내고, 여인들은 마치 꽃다발이나 과일더미 속에 파묻혀 있는 것처럼 보인다. 선의 형태보다 색채가 훨씬 더 중요하게 부각된 그림들이다.

샤갈과 상트페테르부르크

1910년 샤갈이 파리로 처음 이주했을 때, 큐비즘은 지배적인 예술 형태였다. 예술가, 시인, 작가, 갤러리와 박물관으로 가득찬 매혹적인 장소, 파리는 당연히 그에게 기쁨과 경이로움을 안겨줬고, 그림에 대한 열정을 북돋아주었다. 샤갈은 도록에서만 봤던 마네, 모네, 고흐, 마티스 그림을 두 눈으로 확인했다. 그는 어지러울 만큼 황홀감에 빠졌다. 그는 망설임 없이 파리를 두 번째 고향으로 삼고 "파리, 너는 내게 또 하나의 비텝스크다"라고 호기롭게 선언했다. 이름마저 바꿨다. '마르크 샤갈'이라는 프랑스식 이름은 이때 탄생했다. 원래 이름은 모이셰 자하로비치 샤갈Moishe Zakharovich Shagal이다.

그러나 23살의 샤갈 역시 그의 화려하고 시적이며 신비스러운 스타일을 세련된 이 도시에 가져왔다. 샤갈 그림 특유의 신비스러운 분위기는 고향 비텝스크에서 기인한다. 샤갈은 가난한 유대인 집안의 9남매 중 첫째로 태어났다. 당시 러시아에서도 유대인은 2등 시민이었고, 대도시 한복판을 자유롭게 활보하는 것조차 허락되지 않았다.

그러나 샤갈이 태어난 비텝스크는 유대인들이 옹기종기 모여 살던 동네였다. 당시 인구는 6만 6,000여 명이었는데, 절반이 유대인이었다. 게다가 교회

비텝스크에서 샤갈의 첫 그림 스승이었던
예후다 펜(Yehuda Pen, 1854~1937)이
그려준 샤갈의 초상화

와 예배당이 많아서 '러시아의 톨레도'라 불릴 정도로 그림 같은 풍경을 형
성했으므로, 샤갈의 유년 시절에 풍부한 기억을 입혔다.

샤갈은 소박한 예배당과 시골 마을의 목가적인 정취 속에서 화가라는 꿈을
키워 나갔다. 그렇게 자신을 따뜻하게 감싸준 유대인 공동체의 온기를 평생
간직할 수 있었다.

1907년 샤갈은 제대로 그림을 배우려 상트페테르부르크로 향한다. 당시 러
시아 수도였던 그곳은 예술가 지망생에게 기회의 땅이었다. 발레든 미술이
든 음악이든 본격적으로 배우려면 예술학교가 밀집한 상트페테르부르크에
서 경력을 쌓아야 했다.

그러나 그 모든 기회는 유대인에게 해당되지 않았다. 유대인은 예술학교는 커녕 상트페테르부르크에 거주하는 것조차 제한됐다. 샤갈은 임시변통으로 골드베르크라는 부유한 유대인 변호사이자 예술 후원가의 집에 하인으로 등록해, 겨우 가짜 통행증을 구해 상트페테르부르크에 자리를 잡았다. 그러나 제국예술아카데미에는 들어갈 수 없었고, 여러 사립미술학교를 전전했다. 그 학교들은 그의 성에 차지 않았고, 샤갈은 학교들이 자신에게 해준 것이 없다고 생각했다.

결국 그를 구원한 것은 에르미타주미술관이었다. 마치 피카소에게 마드리드의 프라도미술관이 훌륭한 학교가 돼주었던 것과 같은 공식이 샤갈에게도 그대로 적용되었다. 그가 에르미타주미술관에서 처음으로 과거의 위대한 미술품들을 보았을 때, 그는 렘브란트Rembrandt van Rijn, 1606~1669에게서 자신과 유사한 정신을 발견했다. 유태 노인들을 그린 1914~1915년의 연작에서 샤갈은 그 네덜란드 거장에게 큰 경의를 표했고, 〈붉은 유대인Red Jew, 1915〉에서는 그 이름을 히브리어로 써넣기까지 했다.

샤갈 자서전 『나의 인생』에는 이 당시의 심경이 이렇게 기록돼 있다.

> '제정 러시아도, 소비에트 러시아도 나를 필요로 하지 않는다. 나는 그들에게 수수께끼 이방인이다. 렘브란트라면 나를 사랑하리라 확신한다.'

몇 번이나 학교를 옮긴 끝에 운 좋게도 샤갈은 '유럽의 숨결이 살아 숨쉬는 유일한 학교'인 즈반체바학교에 들어갈 수 있었다. 러시아 예술계에서만이 아니라 파리에서도 선도적인 인물로 인정받던 레온 박스트Léon Samoilovitch Bakst, 1866~1924가 가르치고 있었으므로, 샤갈은 당시 상트페테르부르크에 있는 어느 예술가보다 더 넓은 시야를 얻을 수 있었다. 즈반체바학교에서 샤갈은 세잔, 마네, 모네, 마티스 등의 이름을 처음 알게 되었다.

> '파리라는 이름조차 모르던 때에 나는 박스트가 있는 학교에서 유럽의 축소판을 보았다.'

 파리는 예술과 신분의 자유가 있다는 사실을 깨달은 샤갈의 머릿속은 온통 파리로 갈 궁리로 가득찼다. 그러던 1909년, 22살의 샤갈은 비텝스크로 돌아와 여자친구였던 테아 브라치만의 집에 놀러갔다가 역시 그녀의 집에 놀러온 여덟 살 아래의 벨라당시 14세를 처음 만났다. 테아는 유대인 의사의 딸로 역시 상트페테부르크에 유학하고 있었다.
그러나 샤갈과 벨라는 보자마자 첫눈에 로미오와 줄리엣도 울고 갈 불꽃이 튀었다. 어쩌면 진짜로 눈에 불꽃이 튄 건 테아일지 모른다. 눈앞에서 후배에게 애인을 뺏긴 셈이니 말이다.
샤갈은 그녀를 처음 만난 날을 이렇게 적었다.

> '갑자기 테아가 아니라 그녀와 함께 있어야 한다는 생각이 든다! 그녀의 침묵도, 그녀의 눈도 내 것이다. 그녀는 마치 나를 오래전부터 알았고, 내 유년기와 현재, 미래까지 인제나 나를 알고 있었던 깃처럼 느꼈다. 벨라와 처음 만났던 순간 그녀는 나의 가장 깊숙한 내면을 꿰

샤갈, 1915년, 〈생일(Birthday)〉. 뉴욕 현대미술관 소장

뚫는 것처럼 나를 바라보고 있었다. 나는 그녀가 바로 나의 아내가 될 사람임을 알았다.

……

내가 나의 창문을 열기만 하면, 벨라가 푸른 공기, 사랑, 꽃들을 데리고 들어왔다. 벨라는 순백의 혹은 검정색의 옷을 입은 채 오랫동안 캔버스 위를 떠다니며 나의 예술을 인도하는 것 같았다.'

-『나의 인생』 중에서

샤갈의 이 같은 감정은 널리 알려진 그의 그림 〈생일〉에 잘 묘사돼 있다. 이 작품은 샤갈의 생일인 7월 7일, 벨라와의 결혼식 열흘 전에 그려졌다.

사랑에 빠진 샤갈의 생일날, 꽃다발을 들고 방으로 뛰어 들어오는 연인 벨라를 맞이하는 샤갈은 사랑의 기쁨을 어찌하지 못하고 행복에 겨워 마치 곡예사처럼 공중에 날아올라 입맞춤을 한다.

정열의 레드카펫 위, 깜짝 놀라 눈을 동그랗게 뜬 벨라와 대조적으로 샤갈은 지그시 눈을 감고 있다. 이 세상 그 무엇도 그들의 사랑을 방해하지 못한다는 듯, 그저 꿈길을 걷고 있음을 강조한다.

'당신은 천장까지 솟아올랐고, 머리를 숙여 아래에 있는 나를 보았지요. 나는 머리를 들어 내 위에 있는 당신을 보았어요. 다음 순간 우리는 아름다운 장식품으로 한껏 꾸며진 방을 함께 날아다녔어요.'

- 벨라의 회상록『불타는 등불(Burning Light)』 중에서

샤갈, 1911년, 〈나와 마을(I and the Village)〉. 뉴욕 현대미술관 소장

벨라는 가난한 집 장남인 샤갈과 달리 부유한 보석상의 맏딸이다. 일찍부터 연극과 17세기 네덜란드와 이탈리아 회화에 열정적인 관심을 품고 러시아 여성 3% 이내의 영재만 입학이 가능하다는 모스크바 게리에르여자대학교를 입학한 수재였다.

벨라의 집에서는 출중한 외모와 부유한 환경을 갖고, 게다가 최고의 대학에 입학한 엘리트 딸과 불안정한 화가 지망생 샤갈의 만남을 당연히 반대했다. 벨라의 아버지는 보석상 말고도 시계를 파는 좋은 상점을 또 갖고 있었다. 샤갈의 그림에서 시계가 강력한 모티프로 등장하는 것은 바로 이런 사실 때문이다. 샤갈은 벨라가 좀더 자라고 자신이 사회적으로 인정을 받기 전까지는 결혼을 하기 힘들다는 사실을 깨달았다. 이런 점이 그로 하여금 파리로 가고 싶은 마음을 더 부추겼을 것이다.

'나는 내가 더 이상 비텝스크에 머문다면 온몸에 이끼가 껴버릴 것 같았다. 나는 거리를 배회하면서 간구하고 기도했다. 구름 속에도 계시고 구두장이 집 뒤에도 계시는 신이시여, 내 영혼을 밝혀주소서. 이 말을 더듬고 고통받는 영혼에게 길을 안내해주소서. 저는 다른 사람들과 똑같이 되고 싶지 않나이다. 저는 새 세상을 보고 싶나이다. …… 비텝스크여, 나는 그대를 버린다. 그대의 청어와 함께 그 자리에 있으라!'

샤갈의 아버지 자차는 청어를 파는 상점에서 일했다. 청어를 가득 실은 커다란 통을 운반했다. 샤갈은 그런 아버지를 자서전에서 '갤리선의 노예'에 비유했다. 영화 「벤허」에 나오듯 로마의 갤리선에서 발이 묶인 채 노를 젓다가 해전이 벌어지면 그냥 바다에 수장되는 운명의 그런 노예 말이다. 샤갈은 아버지에 대해 이렇게 썼다.

'아버지가 무거운 통을 드는 것을 볼 때마다, 내 마음은 터키식 베이글처럼 뒤틀렸다.'

청어가게 하인이나 다름없는 아버지에게서 태어난 아들이 부유한 보석상 딸과 사랑에 빠졌을 때, 예술에 자질이 있다면 누구나 보통의 운명을 피하고 예술가의 꿈을 추구하기로 결심했으리라.

하늘의 도움인지 샤갈은 상트페테르부르크에서 막스 모이세비치 비나베르라는 변호사이자 예술 후원가를 만났다. 샤갈의 그림을 사준 최초의 인물이다. 그는 유태 민족의식을 고취하려는 세속화된 유대인들의 러시아어 대변지인 「노비 보스호트 Novyi Voskhod, 신새벽」라는 유태 문화잡지와 밀접하게 연결돼 있었다. 그의 도움으로 샤갈은 상트페테르부르크에서도 잡지 편집자 소유의 아파트에서 살 수 있었다.

비나베르는 샤갈 그림 두 점을 사주면서 리옹은행을 통해 매달 40루블씩 후원금을 주겠다고 약속했다. 샤갈은 그 덕택에 파리의 꿈을 실현할 수 있게 됐다. 파리행 열차의 3등칸에서 나흘이나 시달린 끝에 샤갈은 드디어 파리에 도착했다. 1910년 늦여름이었다.

샤갈과 파리, 결혼

파리에 온 샤갈은 당시 파리에 번창하던 수많은 사립예술학교나 아카데미 가운데 두 군데 등록을 했지만, 상트페테르부르크에서처럼 만족을 느끼지 못했다. 그래도 출석해서 누드 습작을 하는 정도였지만 그가 입체주의를 접하는 데는 도움이 됐다.

훗날 샤갈 자신이 밝힌 바에 따르면 그가 진짜 배움을 얻은 것은 루브르박물관과 대규모 공공 전시회, 아방가르드 화상들의 상점을 부지런히 기웃거린 결과였다. 이렇게 '거리의 학교'에서 그는 르누아르와 모네, 고흐와 고갱, 마티스의 작품들을 보았다.

샤갈에게 파리란 빛, 색채, 자유, 태양, 삶의 즐거움을 뜻했다. 물리적인 동시에 형이상학적인 그 빛의 영향을 받고, 또 부분적으로 야수파의 영향을 받아 샤갈의 색채는 곧 훨씬 강렬하고 밝아졌다. 샤갈 본연의 특징이 나타나는 최초의 그림은 〈나와 마을〉, 〈러시아 나귀들과 기타 등등에게1911~1912〉, 〈일곱 손가락의 자화상Self-Portrait with Seven Fingers, 1912~1913〉 등이라 할 수 있다. 특히 자화상이 그의 초기 대표작이자, 가장 유명한 그림 중의 하나가 되었다. 〈일곱 손가락의 자화상〉은 초기 파리 시절 샤갈의 이중적인 심경을 생생하게 표현하고 있다. 그림 왼편의 창문을 통해 보이는 에펠탑이 상징하듯 한편에는 세계적 예술 중심지인 파리가 있고, 맞은편 오른쪽엔 꿈처럼 희미하게 그려져 있는 예배당으로 대표되는 비텝스크가 있다. 이젤 속 그림은 두 개의 지리적 장소 가운데 샤갈의 예술적 상상력을 지배하는 것이 어느 쪽인지 분명하게 보여준다. 인상을 찌푸린 채 작업에 몰두해 있는 화가의 표정은 밖보다는 안을 들여다보고 있음을 뜻하며, 왼손의 괴상한 일곱 손가락은 이디시

샤갈, 1912~1913년,
〈일곱 손가락의 자화상〉.
암스테르담 시립미술관 소장

어•의 관용구로 설명될 수 있다. 이디시어에서 '일곱 손가락으로 일한다'는 표현은 열심히 일한다는 뜻이다.

1922년 '유태 예술가란 무엇인가?'라는 글에서 샤갈은 이렇게 회상한다.

> "어느 날 라뤼슈La Ruche의 화실에서 작업하고 있는데 벽을 통해서 어느 유대인 이주자들의 목소리가 들려왔다. '그러니까 자네 말은 안토콜스키가 유대인이 아니었다는 거야? 그럼 (요제프) 이스라엘스나 (막스) 리버만은 어때?' 램프가 내 그림을 희미하게 비추고 있었다. ⋯⋯ 동이 트고 파리의 하늘이 밝아지자 나는 유태 예술의 운명을 이야기한 이웃들의 어리석고 무감각한 생각에 실컷 웃었다. 마음대로들 말해봐라, 난 그림이나 그릴 테니."

'벌집'이라는 뜻의 라뤼슈는 몽파르나스의 초라한 외곽, 도살장 근처에 위치해 있는 낡은 건물로 무려 140개에 달하는 화실에 전 세계에서 몰려든 떠돌이 예술가들이 우글대는 곳이었다.

> "라뤼슈에서는 죽든가 유명해지든가, 둘 중 하나다."

샤갈은 나중 이렇게 말했다. 샤갈은 파리에서 상트페테르부르크에서의 스승 레온 박스트를 다시 만났다. 그는 "결국 왔군"이라고 인사를 건넸다. 그는

•   Yiddish language. 중부 및 동부 유럽의 유대인들이 사용하는 언어

샤갈, 1918년, 〈도시 위에서(Over the Town, 1914~1918)〉, 러시아 국립트레티아코프미술관 소장

그 뒤에 샤갈의 화실을 방문해 "이제 자네의 색채가 노래할 걸세"라고 예언했다.

샤갈은 벨라와 장거리 연애를 지속했다. 그는 파리를 사랑했지만 고향에 남겨진 벨라를 잃을까 봐 늘 불안했다. 샤갈은 1914년에 그의 가족과 벨라를 보기 위해 비텝스크로 돌아왔다. 그는 3개월만 머물 계획이었지만 제1차 세계대전이 발발한다. 이는 파리로의 귀국을 무기한 연기해야 한다는 뜻이었다.

당시 샤갈은 주목받기 시작한 화가였지만, 가난하긴 매한가지여서 여전히 벨라 부모는 결혼을 반대했다. 하지만 불붙은 연인을 끝내 갈라놓진 못했다. 벨라는 배우의 꿈을 포기하고 샤갈과 결혼하기로 결심한다. 스물여덟 살의 샤갈은 1915년 7월 25일 스무 살의 벨라와 결혼했다. 벨라는 이듬해에 딸이다Ida, 1916~1994를 출산했다.

세상은 뒤숭숭했지만, 신혼이었던 샤갈은 벨라와 함께하는 하루하루가 축복이었다. 결혼 이전에 그려진 〈도시 위에서〉는 샤갈의 들뜬 마음을 담고 있는데, 결혼 이후는 더욱 그랬을 것이다. 그림 속에서 샤갈은 벨라를 꼭 껴안고 비텝스크 하늘을 날고 있다. 연인은 암울한 기운으로 가득한 발 밑 세상에서 벗어나 둘만의 유토피아로 향하는 중이다.

그러나 운명은 늘 행복한 방향으로만 진행되지 않는다. 1917년 러시아에서 볼셰비키혁명이 일어났다. 세계 최초 공산주의 혁명이었다. 샤갈은 이 거대한 흐름을 반겼고 동조했다. 혁명 세력은 소수민족 차별정책부터 없앴다. 그는 마침내 자신의 나라에서 완전한 시민권을 부여받았다. 심지어 유대인 샤갈은 비텝스크예술위원장으로 임명되어 비텝스크미술학교 교장 자리에 오른다.

그는 희망에 부풀어 고향을 파리처럼 예술 도시로 만들려 했다. 샤갈의 작품은 점점 환상적인 요소가 늘어났다. 그의 그림은 녹색 소와 날아다니는 말들로 가득찬 판타지 세상이었다. 그의 반대자들은 이것이 마르크스나 레닌과는 거의 관계가 없다고 불평했다. 상황은 조금씩 이상한 방식으로 흘렀다. 혁명 세력은 혁명의 이념을 샤갈에게 강요하며 그를 옥죘다. 그들은 샤갈을 힐난하기 시작했다.

"사람이 하늘을 나는 당신의 그림은 레닌과 무슨 상관이 있는가."
"왜 공산주의를 위한 그림을 그리지 않는가."

샤갈이 혁명 이후 1918년에 완성한 〈산책The Promenaden, 1917~1918〉은 1918년 〈도시 위에서〉와 똑같이 비텝스크를 배경으로 하고 있지만, 확연한 차이가 나타난다. 샤갈에게는 어울리지 않는 생경한 핑크 색이 등장한다. 그림 속 샤갈은 마치 혁명기를 흔들듯 벨라를 들고 있는데, 벨라의 옷이 온통 붉은 핑크다. 그나마 볼세비키혁명의 이념을 담은 절충의 그림이라고 보인다. 그림 속 샤갈과 벨라는 활짝 웃고 있지만, 속마음은 그렇지 못했을 것이다.

샤갈은 점차 궁지에 몰렸다. 당시 샤갈에게 유일한 위안을 준 것은 1919년 4월부터 6월까지 상트페테르부르크의 겨울궁전에서 열린 제1회 국가혁명예술전시회에서 그의 작품에 쏟아진 찬사였다. 350명이 넘는 작가들의 3,000여 점에 달하는 대규모 전시회였는데, 첫 두 개 전시관이 오로지 샤갈에게만 배당되었다. 샤갈은 이곳에 회화 15점과 수많은 드로잉을 전시했다. 이 전시

샤갈, 1918년, 〈산책〉.
상트페테르부르크 러시아미술관 소장

회에서 정부는 그의 작품 12점을 구입하는 영광까지 베풀었다.

여기에 힘입은 샤갈은 1920년 5월 가족과 함께 일단 비텝스크를 떠나 모스크바로 옮겼다. 그러나 샤갈의 러시아에서의 운은 끝난 듯했다. 국가는 다시 그의 작품을 사지 않았고, 3등급 예술가로 분류돼 형편없는 대우를 받았다. 샤갈은 이제 막 활기를 띠기 시작한 유태 연극의 무대와 의상 디자인으로 생계를 겨우 유지했다.

1918년 제1차 세계대전의 마지막 해에 샤갈은 베를린의 옛 친구에게서 온 편지를 받았다. 편지는 '아직 살아 있나?'라고 묻고 있었다.

> '여기 소문에 따르면 자네가 전쟁에서 죽었다는군. 여기선 자네가 유명하다는 걸 아나? 자네의 그림은 표현주의를 낳았어. 아주 비싸게 팔리고 있지……'

1922년 5월 샤갈 가족은 다시 러시아를 탈출해 베를린으로 건너갔다. 언제 다시 러시아로 돌아갈지 기약할 수 없는 외출이었다.

베를린에서 열린 두 차례의 전시회는 샤갈의 재정난을 해소해주었을 뿐만 아니라, 그를 영향력 있는 인물로 자리매김해주었다. 1922년 첫 전시회는 '제1회 러시아 예술전'이라는 제목으로 열린 그룹전이었지만, 1923년의 두 번째 전시회는 1914년부터 1922년까지 그린 작품 164점을 전시한 개인전이었다.

베를린에서의 성공을 발판으로 샤갈은 다시 파리로 돌아갔다. 1923년 9월 1일 마침내 샤갈 가족은 파리의 동역^{Gare de l'Est}에 도착했다.

파리에서 거주할 수 있는 자격을 얻자 샤갈은 우선 옛날 머물렀던 라뤼슈 화실로 달려갔다. 그러나 화실은 가난한 연금생활자 살림집으로 바뀌었고, 그가 남겨두었던 150여 점의 작품들도 모두 사라져 있었다. 심지어 그의 작품 하나는 수위가 키우는 토끼장 지붕으로 사용되고 있었다. 샤갈이 이곳을 떠나면서 임시로 철사로 문을 잠글 때만 하더라도 9년이 지나서야 돌아올 수 있을 것이라곤 꿈에도 생각하지 못했을 것이다. 그의 낙담

1929년 파리에서의 샤갈과 벨라

은 그리 오래 가지 않았다. 베를린에서와 마찬가지로 파리에서도 샤갈은 이미 유명 인사였다.

샤갈이 1920년대에 그린 작품에서 보이는 새로운 출발은 어렵게 얻은 그의 만족감 그리고 당시 화단을 지배하던 보수적 분위기를 말해준다. 이 시기 샤갈 그림에 자주 등장하는 꽃, 풍경, 연인, 곡예사에서는 초기 파리나 러시아 시절에 선보였던 복합성과 특유의 환상적 요소가 거의 보이지 않는다. 서정적이고 청명한 작품들은 오히려 색채의 환희를 재발견했다는 경향을 드러낸다. 샤갈이 새삼 물질적, 심리적 행복감을 느꼈기 때문이다.

샤갈에게 초현실주의자라는 이름을 붙여준 사람은 기욤 아폴리네르였다. 1913년 그가 샤갈의 작품을 보고 "초자연적이군!"이라며 감탄했을 때는 초

현실주의라는 단어가 생겨나기 훨씬 전이었다. 초현실주의 운동은 1924년 파리에서 공식 출범했다. 그 구성원들, 특히 화가 막스 에른스트와 시인 폴 엘뤼아르Paul Eluard, 1895~1952는 샤갈을 끌어들이기 위해 애썼다.

샤갈은 초현실주의 진영의 주장에 대부분 공감했으나, 으레 그렇듯 적극적으로 동참하지는 않았다. 무엇보다 창작 예술에서 의식적 의지를 완전히 포기하는 자동기술법automatism● 이론에 동조할 수 없었다. 비록 그 자신의 그림도 무의식적인 근거에서 나온 것들이 많아도, 그림이나 시가 저절로 창작된다고 주장할 수는 없었다. 그래서 샤갈은 자신을 '의식적-무의식적 화가'라고 주장했다.

이렇게 해서 샤갈은 또다시 아웃사이더로 남았다. 그가 통속적이고 천박하다고 여겼던 몽파르나스 화단으로부터도, 초현실주의 책략과 야심으로부터도 소외되었다. 그러나 그는 여전히 파리화파의 리더로 추앙받았다.

1926년 미국 라인하트미술관에서 그의 첫 개인전이 열렸다. 샤갈을 다룬 연구서와 기타 출판물들이 점점 늘어나면서 그의 국제적 지위도 점차 확고해졌다.

그렇게 1930년대에 접어들면서, 그의 그림은 또 달라지기 시작했다. 오브제는 같았어도 뭔가 불안의 그림자가 스며들었다. 그것은 1933년 히틀러가 독일의 실권자가 되면서 생긴 전조였다.

유대인 숙청에 앞장섰던 히틀러는 샤갈을 콕 찍어 제거해야 할 예술가로 취급했다. 나치는 1937년 '퇴폐미술전'을 열어 샤갈 그림을 전시했다. 그러면서

● 초현실주의의 표현 기법으로, 이성이나 기존의 미학을 배제하고 무의식의 세계에서 생긴 이미지를 그대로 기록하는 것을 말한다.

샤갈, 1925년, 〈백합 아래의 연인들(Lovers under Lilies, 1922~1925)〉. 개인 소장

샤갈, 1938년,
〈하얀 십자가(White Crucifixion)〉, 시카고미술관 소장

"삐뚤어진 유대인 영혼을 보여주는 작품"이라며 조롱했다.

샤갈 그림의 종교적 주제가 더 널리 퍼지고 생생해진 것은 나치에 의해 벌어진 떠들썩한 박해의 시기였다. 유대인 처형과 관련한 일련의 사건들은 샤갈로 하여금 예수를 유대인 순교자로 묘사하도록 영감을 주었다. 샤갈에게 십자가에 매달린 예수는 박해 피해자들의 상징이었고, 예수의 순교와 유대인의 고통이 동일시되었다.

샤갈은 유대인 학살을 비판하는 〈하얀 십자가〉를 그리며 히틀러에 대항했다. 이 그림은 마을이 약탈당하고 불태워지는 동안 천사들이 예수를 애도하고 있다. 또한 예배당과 율법을 담은 상자가 화염에 휩싸이고 한 어머니가 아이를 위로하는 동안 피난민들이 도망치고 있다. 나치를 그리스도에 대한 박해자들과 강력하게 동일시시켜, 그들 행동의 도덕적 함의를 경고하는 강한 이미지다.

이와 극명한 대조를 이루는 작품은 〈시간은 둑이 없는 강이다Time is a River without Banks, 1930~1939〉다. 여기서 샤갈은 서로를 품에 꼭 껴안은 커플을 더없이 즐겁게 묘사하고 있는데, 그들에게는 어떠한 고난도 존재하지 않고 시간이 아무런 문제가 되지 않는다. 그것은 자신의 현실을 생각할 수밖에 없는, 지금은 더 이상 존재하지 않는 전쟁 이전의 소박한 시간을 그리는 추억이다.

나치 영향력은 나날이 커졌다. 제2차 세계대전이 발발한 이후 샤갈은 나치가 점령한 프랑스에 계속 살았다. 처음에는 예술가로서의 명성이 자신을 지켜줄 것이라고 믿고 떠나려 하지 않았다. 그러나 유대인에 대한 폭력과 박해가 고조되자, 샤갈은 프랑스에 남으려는 자신의 시도가 가족을 심각한 위험에 빠뜨리고 있음을 깨달았다. 25살의 딸 이다는 1941년 미국으로 도망가도록

샤갈, 1939년, 〈시간은 둑이 없는 강이다〉

그녀의 부모를 오랜 시간 설득했다.

샤갈과 벨라는 뉴욕 현대미술관MoMA 초대관장인 알프레드 H. 바르 주니어 Alfred H. Barr Jr., 1902~1981, 유럽의 유대인과 지성인들을 구출한 미국 언론인 바리안 프라이Varian Fry, 1907~1967의 도움으로 프랑스를 탈출해 1941년 뉴욕 시의 안전한 장소로 피신했다.

샤갈의 딸은 나치 점령 유럽에서
어떻게 그의 작품을 밀반출할 수 있었는가

1941년 6월 샤갈이 뉴욕에 도착했을 때 국제적인 명성에 어울리지 않게 그의 짐은 매우 단출했다. 그의 예술 작품들은, 점점 나치에 점령당하고 있는 유럽을 탈출하게 해준 책략 속의 조연배우딸이다와 함께 스페인에서 출발한 배에 따로 실려오고 있는 중이었다.

뉴욕 현대미술관 관장 알프레드 H. 바르는 미국 비자 취득을 위한 계획으로 샤갈을 초청하는 단독 전시회를 열었다. '통행료'를 지불한 유태계 미국인 단체와 수집가들의 지원 속에, 샤갈과 그의 아내 벨라는 이 티켓을 받아 쥐고 가능한 한 빨리 프랑스를 떠났다. 그들은 가져갈 수 있는 한 많은 것을 챙겼지만, 불가피하게 소중한 보물들을 남겨놓아야 했다.

그 보물 중 하나는 비자를 발급받지 못한 부부의 외동딸 이다였고, 다른 것은 물론 샤갈의 그림들이었다. 유럽을 떠나기 전에 샤갈은 소, 바이올린 연주자 그리고 러시아 마을 사람들이 등장하는 그의 다채로운 캔버스 트렁크를 미국으로 보내려고 했다.

2013년 '샤갈: 사랑, 전쟁, 망명Chagall: Love, War, and Exile' 전시를 기획한 뉴욕 유

파리 시절,
벨라를 그리는 샤갈과
이를 지켜보는 어린 이다

대인박물관의 큐레이터 수잔 투마킨 굿맨Susan Tumarkin Goodman은 "샤갈에게 가장 중요한 자산은 그의 그림들이었다"고 말했다.

그리하여 이 예술가는 딸 이다와 그녀의 남편 미셸 고르디Michel Gordey가 대서양을 건너 안전한 곳으로 갈 수 있는 준비를 하지 못했다.

사실 마르세유의 잠시 비상 체제에서 경찰에 체포되었던 화가가 급히 프랑스를 떠나려니 다른 계획을 세우는 것은 무리한 일이었는지도 모른다. 샤갈과 벨라 부부는 이다의 안녕을 걱정했지만, 샤갈이 모습을 드러내면 다시 체포돼 수용소로 보내질 위기에 처해질 것이라고 생각했다.

그래서 샤갈과 벨라는 2년간의 나치 독일의 제3제국을 피해서 재빠르게 도망쳤다. 이 커플은 독일군이 프랑스 북쪽 국경 부근에 가까워지자 1939년 파리를 떠나 남쪽으로 점점 더 이주하면서 그때마다 작품 상자를 운반했다. 그러나 샤갈 부부가 미국에 상륙했을 때, 그들은 스페인 세관이 그들의 작품 상자를 압류했다는 사실을 알았다. 괴로운 샤갈은 프랑스 남부에서 여전히 발이 묶여 있는 이다에게 편지를 썼다. 그리하여 그녀는 상자들을 구출하기 위해 혼자 스페인을 갔고, 빼앗긴 아버지의 작품을 되찾기 위한 영웅적인 노력을 시작했다.

그런 상황에서 남편 미셸이 며칠 후 스페인 국경에서 체포되는 바람에, 이다는 아버지의 작품과 더불어 남편까지 구해내야만 했다. 그런데도 그녀는 천연덕스럽게 두 가지 모두 성공시켰다. 샤갈 전기 작가 시드니 알렉산더Sidney Alexander는 "이다는 모든 연줄을 동원해 노련함과 끈덕짐으로 '관료주의의 하프bureaucratic harp'를 연주했다"고 표현했다.

그렇지만 이번에는 극복이 불가능해 보이는 또 다른 장애물이 나타났다. 유럽을 떠나는 배가 매우 드물었던 것이다. 샤갈 부부와 다른 유대인들을 태우고 뉴욕으로 향했던 무지뉴Mouzinho 난민선 같은 배는 찾기 힘들었다. 그럼에도 미셸은 우여곡절 끝에 유대인 난민들을 태우는 배의 600달러짜리 티켓 두 장을 구입할 수 있었다. 이 커플은 야심차게 자신들의 삶뿐만 아니라 샤갈의 그림들을 담은 상당한 부피의 상자들도 갖고 출발하려고 시도했다.

제2차 세계대전 광란의 초기에 유럽에서 그림을 밀반출하는 것은 어떤 수단과 방법을 쓰더라도 간단하지 않았다. 그러나 유태계 미국인 수집가 페기 구겐하임Peggy Guggenheim은 독일 점령기 파리의 최고 현대 미술가들로부터 미친 듯이 그림을 사들였다. 1941년 그녀는 린넨과 담요의 선적물에 캔버스를 말아 넣어 유럽으로부터 그것들을 구해냈다.

1941년 8월 이다와 미셸 그리고 가로 6피트, 세로 3피트의 작품 상자들이 네이브마르Navemar 증기선에서 마주하게 된 상황은 페기의 경우보다 훨씬 더 좋지 않은 조건이었다.

유대인을 구출하기 위해 급히 준비된 이 배는 원래 화물선으로 최대 수용 인원이 15명이었다. 그런 배에 승객 1,180명과 살아 있는 소 4마리가 탔다. 소들은 40일의 항해 기간 동안 냉동시설이 없는 배에서 고기를 공급하는 용도였다. 상황은 섬뜩했지만, 이 배가 난민들에게는 마지막 탈출구였다. 승객 중 일부는 죽어서 배 밖으로 던져졌다.

신문의 헤드라인을 장식한 네이브마르는 8월 17일 리스본을 떠났다. 뉴욕의 샤갈 부부는 곧 그 탈출 여행에 대한 기사를 신문에서 읽었다. "우리는 오늘 네이브마르가 '떠다니는 포로수용소'라는 내용을 읽었습니다"라고 샤갈은 미국 유대인 구호단체인 '미국유대인공동배포위원회American Jewish Joint Distribution Committee'의 유럽 담당 이사들에게 격분해서 편지를 보냈다.

샤갈은 이들에게 보낸 또 다른 서한에서 배가 리스본에 정박해 있을 때 이다가 보낸 편지 내용을 기술하며 이렇게 썼다.

> '그들은 40도 정도의 열이 오르고 아파도 약과 물, 음식도 없이 버텨야 했다. 우리는 잠을 잘 수 없다. 최악의 상황에 처한 아이들이 어떻게 동물처럼 사는지 생각하면 도저히 먹을 수도 없다.'

이다와 미셸은 가축 사이에서 정말 동물처럼 지내고 있었다. 이 커플은 그림의 습기 손상을 피하기 위해 갑판에 임시로 만든 외양간황소가 가득 들어찬에 타는 것을 선택했다. 이다가 얼마나 많은 예술 작품을 네이브마르 호에 실었는지는 확실하지 않다. 그것은 인간의 생명을 구하기 위해 마련된 배에서 모든 수단을 활용한 도전이었다.

이다와 미셸 그리고 그림들은 그 여정에서 살아남았다. 갑판 위에 올라탄 그녀의 직관은, 배 안 다른 승객들의 모든 짐이 썩어 뉴욕에 버려졌기 때문에 매우 현명했다는 사실을 증명했다. 딸은 아버지의 보물들을 지켜냈다.

이다는 1945년 전쟁이 끝난 직후에도 '영웅적인 활동'을 재개한 것으로 알려졌다. 그해에 유럽에서 복무한

샤갈, 1930년, 〈달 아래의 벨라와 이다〉

미군 병사 콘라드 켈렌Konrad Kellen이 후손에게 남긴 이야기에 따르면, 이다는 파리의 한 카페에서 마주친 그에게 다가가 고향으로 돌아가느냐고 물었고, 그가 그렇다고 답하자 여전히 유럽에 남겨졌던숨겨두었던 그녀 아버지의 작품들을 실어 나르도록 부탁했다고 한다.

켈렌은 마지못해 이에 동의하고 미국에 도착하기 전, 한 달 동안 비가 내리는 기후와 확실히 위험한 다른 상황들 속에서도 작품들을 미국으로 날랐다. 켈렌에게는 감사의 표시로 샤갈의 그림 한 점이 주어졌다.

이듬해인 1946년 샤갈은 뉴욕 현대미술관에서 단독 전시회를 열었다. 수년간의 세계적이고도 개인적인 혼돈 끝에 샤갈이 다시 정상적인 활동으로 돌아온 것은 정말 환영할 만한 일이었다. 홀로코스트유대인 대학살의 즉각적인 여파로, 이 쇼전시회는 한 유대인 예술가와 그의 작품들을 더 빛나게 해주었다.

샤갈, 1929년, 〈수탉(Le Coq)〉. 리옹미술관 소장

이다의 용기와 결단력이 없었더라면 하늘에 떠다니는 연인들, 실물보다 과장된 수탉 그리고 수심에 찬 랍비들이 등장하는 다채로운 그림들은 보지 못했을 것이다.

샤갈에게 뉴욕은 불안했다

뉴욕에 도착하면서부터 샤갈의 작품들은 순진한 감정을 모두 잃고 깊은 고통의 기운이 지배했다. 유럽에서 건너오는 뉴스에서 느끼는 고통, 망명이라는 죄책감과 무력감 때문이었다.

프랑스 시절과 달리, 샤갈은 뉴욕에서 완전히 편안하지 못했다. 공교롭게도 샤갈 가족이 뉴욕에 도착한 1941년 6월 23일은 독일이 러시아를 침공한 이튿날이었다. 비텝스크에도 도망치지 못하고 남은 1만 6,000여 명의 유대인들이 남아 있었는데, 이들 모두가 게토•에 수용되었고 10월부터 조직적인 학살이 시작되었다.

따라서 샤갈이 미국 시절의 작품에서 자꾸만 유대인 예수, 십자가에 못 박힌 예수의 주제로 돌아간 것은 당연하다. 이 시기, 그가 쓴 시다.

> 밤낮으로 나는 십자가를 짊어진다
>
> 나는 이리저리 떠밀리고 부대낀다
>
> 벌써 밤이 나를 둘러싼다, 당신은
>
> 나를 버리시나이까, 주여. 왜인가요?

•   ghetto. 중세 이후 유럽 각 지역에서 유대인을 강제 격리하기 위해 설정한 유대인 거주 지역

뉴욕에서 예술가는 러시아와 파리 등 자신이 가장 잘 이해하는 곳들과 단절된 느낌을 받았다. 아직 말이 통하지 않는 외국에서 유명인으로서 불편함을 느꼈고, 낯선 환경 속에서 길을 잃었다. 〈십자가에서 내려짐Descent from the Cross, 1941〉과 〈관념Obsession, 1943〉은 모두 고통을 받는 예술가로서 자신의 개인적인 성찰과 전통 예술의 지속적인 표현에 십자가형을 부과하는 소외감과 상실감을 표현한다.

미국에 머물던 7년 동안 샤갈은 영어를 결코 배우려 하지 않았다. "프랑스어를 더듬거리는 데도 30년이나 걸렸는데, 왜 또 영어를 배우려 하겠는가"라는 농담으로 합리화했을 뿐이다.

그는 화랑과 박물관을 방문하며 시간을 보냈고, 피에트 몬드리안Piet Mondrian, 1872~1944, 앙드레 브르통André Breton, 1896~1966을 포함한 다른 예술가들과 친구가 되었다. 특히 그는 유대인들이 많은 로우어 이스트 사이드Lower East Side●를 자주 들렀는데, 매일 그곳에서 마치 집처럼 편안하게 몇 시간씩 보내곤 했다.

미술관이나 화랑들이 샤갈 작품들을 좋아했음에도 불구하고 그가 뉴욕에 도착했을 때 그와 같은 시대의 미술가들은 아직 샤갈의 예술을 이해하지 못하거나 심지어 그의 예술을 좋아하지 않았다는 사실은 매우 흥미롭다. 그러나 앙리 마티스 아들 피에르 마티스Pierre Matisse, 1900~1989가 그의 대리인이 되면서 사정은 달라졌다.

샤갈 가족이 뉴욕에 도착했을 때 부두에 마중을 나온 사람도 피에르였다.

● 많은 유럽 이주민이 처음 정착했던 뉴욕 시 맨해튼의 남단 지역 동쪽

나치를 피해 미국으로 망명한 예술가들. 1942년 3월 피에르 마티스의 갤러리에서 찍은 사진이다. 왼쪽에서 오른쪽으로 첫째 줄부터 로베르토 마타(화가), 오십 자드킨(조각가), 이브 탕기(초현실주의 화가), 막스 에른스트(화가), 마르크 샤갈, 페르낭 레제(화가). 뒷줄은 앙드레 브르통(초현실주의 시인), 피에트 몬드리안(화가), 앙드레 마송(화가), 아메데 오장팡(입체파 화가), 자크 립시츠(조각가), 파벨 챌리체프(초현실주의 화가), 커트 셸리그만(초현실주의 화가이자 조각가), 유진 버만(화가)

샤갈이 무대디자인을 맡은
1967년 2월 뉴욕 메트로폴리탄 오페라 「마적」 공연

피에르는 이미 자신의 이름을 딴 화랑의 소유주이자 뉴욕의 대표적인 화상으로 자리를 굳히고 있었다. 그는 예전부터 샤갈에게 미국으로 건너오라고 권했으며, 망명 초기인 11월에 샤갈의 개인전을 열어주었다. 그의 개인전은 1943년만 제외하고 파리로 돌아가기 전까지 매년 열렸고, 피에르는 샤갈에게 매달 큰 보수를 주었다.

1942년 뉴욕 발레극장의 수석 안무가 레오니드 마신Leonid Massine, 1896~1979이 샤갈에게 그의 새로운 발레 〈알레코Aleko〉의 세트와 의상을 디자인하도록 의뢰하면서, 샤갈에 대한 갈채가 더 쏟아졌다. 이 발레는 집시에 대한 푸시킨의 시를 차이콥스키 음악과 함께 표현해 올린 무대였다. 이 발레가 메트로폴리탄 오페라극장에서 개막하자, 비평가들의 호평이 쏟아졌다. 미술평론가 에드윈 덴비Edwin Denby는 '샤갈이 이젤의 척도로 구현해낸 작품들은 모든 것을 능가하며, 숨 막히는 경험이다'라고 썼다.

**벨라의 죽음,
딸과 동갑인 버지니아와의 동거**

뉴욕 생활이 3여 년이 지나던 1944년 8월 25일 파리가 해방되자 샤갈과 벨라는 즉시 프랑스로 돌아갈 계획을 세웠다. 그러던 9월 초에 비극이 발생했다. 그들 부부가 애디론댁 산맥Adirondack Mountains●에서 휴가를 보내던 중 벨라가 갑자기 인후염에 걸렸다.

● 뉴욕 북부에 있는 산맥으로 뉴욕에서 자동차로 한 시간 정도면 도착한다. 애디론댁 공원이 거의 산 전체를 차지하고 있어 뉴욕 및 보스턴, 캐나다 몬트리올 시민들의 휴양지가 되고 있다. 1932년과 1980년 동계올림픽은 이 산맥의 레이크 플래시드(Lake Placid)에서 개최됐다.

다음날 열이 너무 많이 올라 병원에 갔는데, 병원에서 인적 사항을 확인하며 종교까지 물어보자 벨라는 기분이 몹시 나빠져서 그냥 호텔로 돌아가길 원했다. 벨라는 비버 호수에서 백인 기독교도만 환영한다는 표지판을 본 이후 계속 기분이 좋지 않았던 상태였다. 그래서 샤갈도 그녀를 데리고 그냥 호텔로 돌아올 수밖에 없었다.

이 소식을 듣고 이다가 워싱턴에서 간신히 면세품 페니실린을 구해왔다. 당시 페니실린은 군용으로만 사용되는 희귀품이었다. 그러나 이다가 도착했을 때는 너무 늦어 있었다. 이미 바이러스 감염이 손을 쓸 수 없을 정도로 진행되어 벨라를 구할 수 없었다.

그녀의 갑작스러운 죽음은 샤갈을 황폐하게 만들었다. 그는 아홉 달 동안 일을 중단했다. 사랑하는 아내의 갑작스런 죽음 앞에서 샤갈은 모든 의욕을 상실했다. 단 한순간도 창작에의 열망이 시들지 않았던 그였으나, 생애 전체를 통틀어 단 한 번, 바로 이때만큼은 그 모든 게 사라졌다.

이다는 실의에 젖어 있는 아버지를 설득해서 자신 부부가 사는 맨해튼 리버사이드 드라이브의 넓은 아파트로 데려왔다. 딸의 도움으로 샤갈은 벨라가 써놓은 회상록『불타는 등불』을 편집하고 삽화를 그리는 일에 몰두할 수 있었다.

벨라는 자신의 갑작스런 죽음을 예견이라도 한 듯 1939년부터 죽음 직전까지 이디시어로 회상록을 썼다. 과거를 기록하고 싶다는 벨라의 욕구는 1935년 폴란드를 방문한 것이 계기가 되었다. 1939년 파리에서 쓴 서문에서 벨라는 이렇게 말했다.

샤갈, 1917년,
〈하얀 옷깃의 벨라(Bella With White Collar)〉.
퐁피두박물관 소장

'비록 서툰 모국어이기는 하지만 글을 써야겠다는 욕구를 느꼈다. 부모님 집을 떠난 이후 모국어로 말할 기회가 거의 없었다.'

묘하게도 벨라는 회상록을 병들기 직전에 완성했다. 그리고 샤갈에게 이렇게 말했다.

"봐요, 이게 내 노트예요. 모든 걸 제자리에 두었으니까 당신도 쉽게 찾을 수 있을 거예요."

그녀가 세상을 떠나기 직전, 샤갈에게 한 말도 이러했다.

"내 노트를……."

자신의 회상록을 꼭 출판해달라는 유언이었다. 벨라의 회상록은 시적인 요소가 충만했다. 평생에 걸친 그녀의 문학 사랑은 남편에게도 전염되었다. 또한 그녀의 회상록 역시 그녀 자신의 기억만큼이나 남편의 상상력에 의해 물들어 있다. 샤갈은 그의 오랜 친구에게 보낸 편지에서 '그녀는 유태 예술의 뮤즈였다네……. 그녀가 없었다면 지금까지의 내 그림들도 없었겠지'라고 적었다.

이다는 샤갈에게 딸이기 이전에 매우 든든한 매니저였다. 이다는 유럽에 남겨진 그림을 구출해 미국으로 가져왔던 것처럼, 아내와의 사별로 적적한 생활을 하는 아버지 성생활의 구출 작전을 실행했다.

그 계획으로 그녀는 프랑스어를 할 수 있는 영국 여성 버지니아 맥닐Virginia Haggard McNeil, 1915~2006을 샤갈의 가정부로 데려왔다. 버지니아는 외교관의 딸로 파리에서 태어나 볼리비아와 쿠바에서 자라났다. 이런 영향으로 밝고, 자기 주관이 뚜렷하며 세계시민적인 성향을 가지게 되었다.

그녀는 스코틀랜드 출신의 화가 존 맥닐John McNeil과 결혼한 다음 힘든 생활이 시작됐다. 남편은 우울증을 앓았기 때문에 그녀는 남편과 5살짜리 딸 잔Jean을 돌봐야 했다.

버지니아의 아버지는 영국의 소설가 헨리 라이더 해거드 경●의 조카였다. 이런 혈통 탓으로 교양도 있었고 파리의 에콜 데 보자르École des Beaux-Arts에서 예술을 공부했기에 화가들에 대해서도 잘 알고 있었다. 당연히 샤갈과 교감하는 부분이 있을 수밖에 없었고, 말이 잘 통했다.

버지니아가 샤갈을 처음 만났을 때 이다와 동갑인 그녀는 30세, 샤갈은 57세였다. 그들은 만나자마자 그림에 대해 긴 시간 대화를 나눴고, 곧 내연관계가 되었다. 몇 달 후 버지니아는 남편을 떠나 샤갈에게로 왔다. 이렇게 딸과 동갑인 유부녀와의 동거가 시작되었다.

이들은 1945년 버지니아가 임신하자 뉴욕 시내서 멀리 떨어진 북부 캣스킬스Catskills 산맥 허드슨 밸리Hudson Valley의 하이폴스High Falls에 스튜디오와 별장 겸용의 목조 주택을 구입해 살았다. 7년 동안 이곳에서 사는 동안 버지니아는 아들을 낳았고, 샤갈은 자신 동생의 이름을 빌려 데이비드David라고 이

●　Sir Henry Rider Haggard, 1856~1925. 헨리 라이더는 아프리카를 무대로 한 모험 소설로 유명한데 『알란 쿼터메인과 잃어버린 황금의 도시(Alan Quatermain and the Lost City of Gold)』, 『킹 솔로몬(King Solomon's Mines)』이 모두 영화로 만들어졌다. 알란 쿼터메인은 영화 「인디아나 존스(Indiana Jones)」의 모델이 된 캐릭터다.

름을 지었다. 그러나 정식 결혼은 하지 않았다.

버지니아는 샤갈의 명성에 누가 되지 않기 위해 그들의 관계를 노출시키지 않으려 애썼고, 샤갈 역시 초반에는 수치심으로 자신들의 관계를 비밀로 유지했다. 따라서 그녀와 샤갈 아들 데이비드 맥닐공식 이름은 오랜 세월 샤갈의 생애에서 공식적으로 누락되어 있었다. 1978년 시드니 알렉산더가 쓴 샤갈 전기가 나오기 전까지는 말이다.

이 무렵 샤갈의 긴장감은 그의 시 '그림'에 잘 나타나 있다.

> 나의 태양이 밤에도 빛날 수만 있다면
> 나는 색채에 물들어 잠을 자겠네

샤갈과 버지니아,
그들 사이에서 낳은
아들 데이비드

그림들의 침대 속에서
그대의 발을 입에 물고
압박과 고통을 당하며

나는 아픔 속에서 깨어나
새 날을 맞는다
아직 그려지지 않은
아직 칠해지지 않은 희망을 품고

내 마른 붓을 향해
나는 달린다
나는 십자가에 못 박힌 예수처럼
이젤에 못 박힌다

끝난 걸까?
내 그림은 완성된 걸까?
모든 것이 빛나고 흐르고 넘친다

잠깐, 한 번 더 칠하고
저기에는 검은색
여기에는 붉은색, 파란색을 뿌리고
나는 평온해진다

샤갈, 1946년, 〈파라솔과 함께하는 소(Cow with Parasol)〉. 개인 소장.
어미 소의 젖을 빨고 있는 아기 소는 데이비드의 탄생을 상징하는 것처럼 보인다.

내 말을 듣는가, 내 죽은 침대여

메마른 풀밭

떠나간 사랑

새로 온 사랑

내 말을 들어라

그대의 영혼 위로

그대의 배 위로 내가 움직인다

그대가 보낸 세월의 평온함을 들이마신다

나는 그대의 달을 삼키고

그대의 찬란한 꿈을 먹는다

그대의 천사가 되기 위해

그대를 전처럼 지켜보기 위해

〈웨딩 캔들The Wedding Candles, 1945〉과 〈시계가 있는 자화상Self-Portrait with Clock, 1947〉에서 샤갈은 새로운 사랑의 시작을 암시하는 마음으로 그리움과 상실의 감정에 초점을 맞추고 있다. 벨라에 대한 기억과 새로운 사랑 버지니아의 존재 사이에는 긴장감이 감돈다.

그렇지만 그의 작품은 곧 전쟁과 슬픔으로부터 점점 멀어져서, 환희와 사랑을 표현하는 샤갈에게 익숙한 상징을 반영하는 쪽에 자리를 내주었다. 이들이 하이폴스의 목조주택으로 이사한 다음, 샤갈은 그의 예술의 사랑과 친근함, 특히 그의 어린 시절 비텝스크와 파리에서의 삶으로 완전히 돌아갔다. 뚜렷한 프랑스 배경이 돋보이는 〈날아다니는 연인과 함께하는 꽃다발 Bouquet with Flying Lovers, 1947〉, 〈다리 근처의 연인들Lovers Near Bridge, 1948〉은 모두 연인의 아름다움을, 〈파라솔과 함께하는 소〉는 탄생의 아름다움을 자축한다.

1945년 여름 샤갈은 아메리칸 발레단의 작품 의뢰를 받고 슬픔에서 완전히 벗어났다. 이번에는 스트라빈스키의 「불새」를 위한 무대와 의상을 만들어 달라는 요청이었다. 훗날 버지니아는 이에 대해 이렇게 회상했다.

> '그는 위층의 넓은 거실에서 온종일 그 음악을 들으며 작업하다가 스트라빈스키 특유의 신비스런 원시적 힘에 심취하게 되었다. 그는 열정적으로 스케치를 시작했으며, 떠오르는 복잡한 구상을 때로는 물감으로 때로는 연필로 종이에 그렸다. 그것들은 아직 추상적인 형태, 운동, 질량에 불과했으나 장차 새와 나무, 자라날 생명의 씨앗을 담고 있었다.'

같은 해에 샤갈은 쿠르트 볼프라는 이주민 출신 출판업자의 의뢰를 받아 『천일야화The Arabian Nights』의 삽화를 그리기 시작했는데, 그로서는 처음인 색채 석판화 작업이었다. 이에 대해서도 버지니아는 그의 작업 방식에 대해 귀중한 설명을 남겼다.

> '나는 그에게 천일야화 이야기를 몇 번이나 읽어주었다. 바닥에는 말

리기 위해 늘어놓은 스케치들이 가득했다. 그는 주변에 떨어진 얼룩 같은 것에는 전혀 신경쓰지 않고 오로지 작업에만 몰두했다.'

그 결과 「불새」의 과슈 그림처럼 풍부한 색채의 감각적이고 이국적인 삽화들이 탄생했다. 이 작품들은 어떤 면에서는 샤갈의 새 연인에게 바치는 선물이었다.

1946년 4월 샤갈은 뉴욕 현대미술관에서 대규모 회고전을 가진 데 이어 시카고미술관에서도 전시회를 열었다. 18개월 뒤에는 새로 문을 연 파리 국립현대미술관에서 처음으로 전시회를 여는 영예를 얻었다. 이를 기점으로 샤갈은 세계 유수의 권위 있는 전시회를 잇달아 가졌으며 국제적 명성을 확고하게 다졌다.

그의 딸 이다는 이미 프랑스로 돌아가서 아버지를 대신하여 열심히 활약하고 있었다. 당연한 일이지만 그녀는 이제 파리 전시회로 불기 시작한 엄청난 인기에서 이득을 얻어내기 위해 아버지에게 어서 돌아오라고 채근했다.

파리 전시회를 위해 샤갈은 1946년 5월 종전 이후 처음으로 파리 나들이를 했다. 이에 대한 버지니아의 회상은 이렇다.

'그는 데이비드가 출생할 때 자리를 비우기 위해 의도적으로 5월을 택했다. 아이의 출생은 그에게 일종의 공포로 작용해서 자기가 없는 게 낫다고 생각했다.'

오래전 일이지만 이다가 출생했을 때도 이 신경과민의 화가는 그 상황에 대해 제대로 대처하지 못했다. 파리를 방문한 샤갈은 버지니아에게 보낸 편지에 파리 화단을 설명하고 있다.

'프랑스는 알아보지 못할 만큼 많이 변했소. 미국은 더 역동적이지만 더 원시적이기도 하지. 프랑스가 완성된 그림이라면 미국은 아직 미완성작이오. 미국에서 작업할 때는 마치 메아리 없는 숲속에서 소리를 지르는 것 같았다오. …… 예술계에서는 모두 같은 이름들을 입에 올린다오. 피카소와 마티스, 마티스와 피카소, 때로는 루오와 레제와 브라크. 나는 몽파르나스를 피하고 있소.'

이 편지를 보면 샤갈의 질투심이 여과 없이 나타난다. 자신의 명성도 하늘 높이 올라가고 있건만, 사람들이 마티스와 피카소만을 언급하고 있는 사실이 싫어서 파리의 예술가나 저명인사들이 단골로 들르는 몽파르나스의 카페들에 가지 않는다는 얘기다.

1947년 10월 샤갈은 파리 현대미술관에서 열리는 전시회 참석차 다시 파리에 갔다. 그 전시회에 대한 그의 마음은 복잡 미묘했다. 약간

샤갈과 딸 이다. 이다는 샤갈에게 딸 이전에 유능한 매니저로서, 샤갈의 힘든 부분을 항상 해결해줬다.

의 병질적인 우울이나 욕심도 느껴진다.

'회고전이란 사람들이 내 작품을 끝났다고 여기는 것이므로 내게 고통스런 느낌을 준다. 나는 사형선고를 받은 사람처럼 외치고 싶다. 내게 시간을 주면 더 잘할 수 있어. 나는 이제 시작이라는 기분이다. 마치 아직 피아노 의자에 제대로 앉지 못한 피아노 연주자처럼.'

망명지 미국을 떠나다

1948년 8월 미국 생활^{1941~1948}을 모두 정리하고 최종적으로 파리로 돌아오는 길의 심경도 그처럼 복잡하기만 했다. 그에겐 하이폴스에서 버지니아와 살면서 누렸던 사생활, 조용함, 상대적 자유를 이제 결코 누릴 수 없으리란 걱정이 있었다. 그러나 결국 (마티스와 피카소를 넘어서길 원하는) 명성과 부의 유혹이 훨씬 강했다. 샤갈과 버지니아는 파리 외곽의 오르주발Orgeval에 새 거처를 마련했다.

이다가 직접 구한 오르주발의 저택은 지붕에 두 개의 작은 뾰족탑이 있고 로카유 양식의 발코니로 둘러싸인 숲속의 외딴 집이었다. 디즈니 영화에나 등장하면 어울릴 듯한 예쁜 통나무집이었다. 샤갈과 버지니아는 그 집에서 일 년 이상 살았다.

샤갈은 뉴욕을 떠나면서 다음처럼 회고했다.

'나는 인류가 자멸한 비인간적인 전쟁 중에 여기 미국에서 살았다. …… 나는 인생의 순환을 보아왔다. 나는 미국과 연합군이 싸우는 것을 보아왔다. 전쟁의 결과를 감내해야 했던 사람들의 고통을 덜어주기 위해 국가가 베푼 풍요로움을 보아왔다. 나는 미국과 미국인들이 좋다. 거기 있는 사람들은 솔직하다. 젊은이들의 자질과 결함을 모두 가진 젊은 나라다. 그런 사람들을 사랑하는 것은 기쁨이다. …… 무엇보다도 나는 이 나라의 위대함과 그것이 주는 자유에 감명을 받는다.'

샤갈은 여생 동안 가끔 뉴욕을 방문해 일했고, 미국 비자를 두 차례 신청했지만 정치적 이유로 거부당했다. FBI는 그가 뉴욕에 거주하는 동안 그의 반전론 혹은 좌파적인 경향에 대해 상세히 기록한 파일을 보관하고 있었다. 그랬어도 샤갈은 일생에서 가장 소란스러운 시기 중 한때 자신을 보호해준 도시를 결코 잊지 않았다. 뉴욕 시절은 그가 예술에서 동시에 여러 방식을 추구하여 세계가 그를 주목하게 하고 그를 더욱 유명하게 만들었던 시기였다. 뉴욕에서의 경험을 통해 그는 예술가이자 한 사람으로서 여생을 형성하는 발전을 이룩했다. 유리, 조각, 석판, 태피스트리뿐만 아니라 무대 및 의상 디자인까지 그의 작품의 풍부한 외연 확장은 표현 가능한 대상에 대한 도전 인식의 결과였다.

샤갈의 실력은 확실히 색감과 구성에 있지만, 감탄하지 않을 수 없는 복잡한 스토리텔링으로 친밀한 판타지를 창조한 것은 그의 능력이었다. 뉴욕의 망명 기간에서 그가 들려준 이야기들은 그의 최고의 자산 중 일부다.

미국을 떠날 당시의 정황을 버지니아는 이렇게 전한다.

'그는 전에 살던 은신처를 유지하려 했다. 우리는 그 집의 문을 잠그고 대부분의 짐을 그대로 두고 왔다. 그러나 하이폴스에 우리는 다시 가지 못했다. 2년 뒤 그 집과 집 안의 짐은 모두 썩었고, 결국 이다가 돌아가서 그 시절을 마감해야 했다.'

오르주발에서 일 년 가까이 살았지만, 그들이 이미 예상했듯 그곳의 삶은 안정적이지 못했다. 1848년 한 해만 해도 런던 테이트미술관과 암스테르담 시립미술관 두 곳에서 대형 전시회가 열렸다. 게다가 오르주발은 파리 시내에서 서쪽으로 30km밖에 안 되었으므로 그들의 집은 늘 저명한 화가와 평론가, 출판업자, 갤러리 관련 인사들로 붐볐다.

그중에서 가장 영향력을 가진 사람의 하나가 터키와 인접한 에게 해의 그리스 섬 레스보스Lesbos 출신으로 미술평론가에서 출판업자로 변신한 테리아데였다. 마티스의 색종이 작업 책『재즈』도 출간한 바 있는 그는 1940년에 샤갈을 처음 만났고, 그의 판화 작품들을 상당수 사들인 것이 이제 빛을 보는 시점이 됐다.

또한 테리아데는 1948년 우크라이나 작가 니콜라이 고골Nikolai Vasilievich Gogol, 1809~1852의 장편소설『죽은 혼Dead Souls』을 출간했는데, 여기에 들어간 에칭 삽화는 모두 샤갈이 그렸다. 이 덕분에 샤갈은 그해 국제적인 권위를 가진 베네치아비엔날레에서 판화상을 수상할 수 있었다.

테리아데는 샤갈이 뉴욕 하이폴스에서 작업한 첫 색채 석판화『천일야화』의 삽화도 인쇄하기 시작했다. 1950년 샤갈은 보카치오의『데카메론』에 워시드로잉 삽화 10점을 제작했는데, 이 작품들은 테리아데가 편집하던 당시

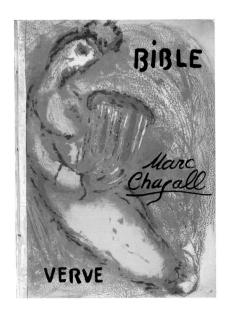

파리에서 가장 활발하고 중요한 예술문학잡지인 「베르브Verve」*를 통해 발표되었다. 1967년에 출간된 샤갈의 화집 『서커스Cirque』도 역시 그의 출판사에서 나왔다.

테리아데는 샤갈에게 파리를 떠나 자신이 반년 이상 머물고 있는 니스의 생장카프페라로 거처를 옮기라고 권유했다. 이에 그를 따라 프로방스에 온 그는 프랑스 남부의 따뜻하고 유쾌한 풍경에 크게 만족해했다.

이 경험을 바탕으로 그는 쾌활하고 과감한 과슈와 유화 연작을 그렸다. 그

• 　1937년에서 1960년까지 발간되었다.

샤갈, 1952년, 〈파란 서커스(The Blue Circus)〉

샤갈이 테리아데에게 헌정한 석판화

중 지중해의 푸른 바다를 묘사한 〈파란 서커스〉와 〈생장의 물고기들The Fishes at St. Jean〉에 등장하는 적갈색 머리의 큰 여성은 버지니아가 틀림없을 것이다.

마침내 프로방스로!

1950년 샤갈과 버지니아는 드디어 프로방스로 삶의 거처를 옮겼다. 테리아데의 소개로 1949년 그들이 처음 구한 집은 방스의 콜린 저택La Colline de Vence이었다. 이 집은 작가이자 저널리스트, 레지스탕스로 신문 「전투Combat」를 창간하고 편집에 관여한 클로드 보르데Claude Bordet, 1909~1996의 집이었다.

이 집은 원래 클로드의 어머니이자 시인이었던 카트린느 포지Catherine Marthe Louise Pozzi, 1882~1934가 살았다. 그녀가 이곳에 거주하던 당시에는 애인이었던 시인 폴 발레리Paul Valéry, 1871~1945가 자주 찾아와 장기간 머물렀다.

따라서 샤갈이 이 집에 왔을 때도 벽에 발레리의 수채화가 벽을 장식하고 있었다. 그러나 샤갈은 집에 다른 예술가의 작품이 있는 것을 몹시 싫어했기 때문에 곧 치워졌다.

샤갈은 여타 예술가들과 달리 다른 화가들과 작품을 교환하지 않았다. 샤갈이 소장한 다른 예술가 작품은 로댕과 앙리 로랑스Henri Laurens, 1885~1954의 조그만 조각, 브라크의 작은 정물화, 알렉산더 칼더의 모빌뿐이었다. 그나마 이것들도 마지못해 받은 선물들이었다.

콜린 저택으로 샤갈을 자주 찾아온 친구로는 시인 폴 엘뤼아르, 자크 프레베르그 역시 생폴드 방스에 집이 있었다가 있었고, 후안 미로와 브라크도 방문객에 이름을 올렸다.

지금은 호텔로 변한 방스의 샤갈 집, 콜린 저택

그러나 샤갈이 신경을 쓰는 사람들은 역시 마티스와 피카소였다. 그는 그들이 이미 오래전에 터를 잡고 살고 있는 동네로 갓 이사 온 새내기 입장이었고, 게다가 마티스의 집과는 같은 동네였다. 샤갈은 이 사실을 달갑게 여기지 않았다.

집의 성격이 이렇듯 '홈, 스위트 홈'에서 '비즈니스 혹은 사교의 전당'으로 바뀌는 것에 대해 버지니아도 점차 지쳐갔다. 거의 아무도 찾지 않던 뉴욕 인근 산속의 목조주택 시절을 그리워했을 법하다.

1951년 샤갈 가족은 프로방스 생라파엘Saint-Raphaël의 르드라몽Le Dramont이라는 마을에서 여름을 보냈다. 버지니아는 여기서 처음이자 마지막으로 누드 모델이 되어주었다. 그 결과로 탄생한 과슈 그림 〈르드라몽에서의 누드 Nude at Le Dramont〉는 버지니아가 그의 곁을 떠난 뒤인 1953년에 완성됐다.

르드라몽의 여름이 낳은 다른 두 작품인 〈푸른 보트Blue Boat〉와 〈르드라몽의 태양Sun at Le Dramont〉에 대해서도 버지니아는 나중 '다가올 사태의 그림자가 이미 드리워져 있었다'고 썼다. 당시 그들 부부는 사실상의 독립적 생활을 해오고 있었다.

버지니아는 그렇게 피서지 르드라몽에서의 한철을 끝으로 샤갈과의 관계를 정리하려 했다. 그녀는 '유명한 아티스트의 아내'이거나 '중요한 사람들을 접대하는 매력적인 안주인' 역할에 자신이 소진되어간다고 느꼈다.

그녀의 회상은 이런 정서를 잘 말해준다.

> '마르크의 삶은 점점 더 공적인 것이 돼갔다. 나는 벨라가 살아 있더라면 맡았을 역할을 해야 했다. 그저 그녀의 후임자로서 처신해야

했다. …… 말할 나위 없이 나는 초라한 존재로 전락했고, 나 자신을 찾아야 한다고 생각했다. 나는 내가 누구인지 몰랐으나, 누가 아니라는 사실은 알고 있었다.'

그해 가을의 이스라엘 방문은 금이 간 그들 관계를 잠시 봉합해주었다. 또 거의 같은 시기 버지니아는 마침내 남편 존 맥닐과도 공식적으로 이혼할 수 있었다. 그러나 그녀나 샤갈이나 자신들의 관계를 공식화하려 서둘지 않았다. 1952년 4월 버지니아는 딸 잔을 데리고 홀연히 샤갈을 떠났다. 그녀는 더 이상 견딜 수 없었다. 그들의 관계에서 예전과 같은 따뜻함과 자연스러움은 모두 사라졌다.

'나는 덫에 빠져 꼼짝할 수 없는 기분이었다. …… 나는 마르크가 더 큰 명성과 부를 향해 가고 있다는 것을 알았다. 그가 작동시킨 거대한 기계는 그를 태우고 가차 없이 달리고 있었다. 이미 그 자신의 자유가 위협당할 정도였지만 그는 그 점을 의식하지 못하는 것 같았다.'

설사 이러한 심리적 동요가 없었다 해도, 버지니아가 유대인이 아니고 전혀 다른 문화적 배경에서 자라났다는 사실은 두 사람의 관계가 멀어지는 데 상당한 역할을 한 것으로 보인다. 이는 그녀가 친유대의 맹세를 했다고 해서 어느 한순간 좁혀질 수 있는 사안이 아니었다.
게다가 버지니아는 사진을 찍는 것을 좋아했고, 사진작가가 되었으면 하는 꿈을 버리지 않았다. 그래서 그녀는 한때 벨기에의 사진작가 샤를 레렝

Charles Leirens, 1888~1963에게 관심을 가진 적이 있었는데, 두 사람은 결국 연인이 되었다.

레렝은 샤갈과 같은 연배였으나, 명성에서는 그에 비할 바 아니었고 게다가 성격도 약했다. 버지니아는 분명 자신을 필요로 하는 사람이 필요했을 터였다. 나중에 그녀는 이렇게 썼다.

> '내가 떠난 것은 폭력이 아니라, 불행한 상황의 논리적인 귀결이었다.'

샤갈은 자존심에 커다란 구멍이 생겼다. 버지니아가 그를 버리고 보잘것없는 사진작가에게 갔다는 사실을 그는 받아들이기 어려웠다.

그의 모든 생애는 여성에게 의존하는 삶이었다. 처음에는 어머니와 여섯 명의 누이들에게, 다음 30년은 사랑하는 벨라에게, 그녀가 죽은 다음에는 딸과 동년배의 버지니아에게 차례로 의지했다.

버지니아가 떠나가자 이번에도 이다가 나섰다. 이다는 아버지를 위해 다시 적절한 여자를 물색했다. 그녀 아버지는 여자가 곁에 없으면 작품 생산을 제대로 할 수 없는 사람이었다. 이 사실을 이다는 아주 잘 알았다.

이다가 새로 소개한 여자는 러시아계 유대인으로, 샤갈과 같은 출신 성분을 갖고 있는 마흔 살의 발렌티나 브로드스키Valentina Brodsky, 1905~1993였다. 키예프Kiev에서 대규모 사탕중개업을 하는 집안에서 태어난 그녀는 러시아혁명이 일어나자 우크라이나를 떠났다. 이후 오데사와 로마를 거쳐 베를린의 러시아 학교에서 학업을 마쳤다.

샤갈의 세 번째 여자로 공식적으로 두 번째 부인인 바바. 25살 연하다.

샤갈 집보다 훨씬 부유하고 좋은 가문 출신이었기 때문에 샤갈은 "내 아버지가 청어를 운반하고 있을 때 키예프의 브로드스키 집안은 틴토레토*의 작품을 사들이고 있었군!"이라고 말하곤 했다.

발렌티나는 1938년 영국인과 결혼해 이후 런던에서 살았다. 2차 세계대전이 끝나면서 이혼한 그녀는 런던을 떠나 파리에 있는 오빠 미하일 브로드스키의 집 근처에 새롭게 정착했다. 미하일은 파리 점령 이전에 벨라와 샤갈 부부와 친하게 지냈던 사이였다.

샤갈은 애칭 바바Vava로 불린 이 여자와 1952년 7월 12일 결혼한다. 버지니아

*   Tintoretto. 이탈리아의 화가(1518?~1594). 베네치아파에 속하며 역사화, 종교화, 초상화에 뛰어났다.

가 떠나간 지 채 3개월도 안 돼 재혼을 한 것이니, 이다가 바바를 소개한 것도, 그 둘이 결혼을 한 것도 모두 마치 전격적인 군사작전을 방불케 한다. 이같은 속도전에는 샤갈이 버지니아에게 느꼈던 상처가 커다란 동인으로 작용했던 듯하다.

물론 이다는 처음부터 아버지에게 결혼 상대자로 바바를 소개한 것은 아니었다. 버지니아가 그랬듯 처음에는 비서이자 가정부로 들여놓았고, 둘 사이에 남녀상열지사가 발생하길 은근히 기대했다. 게다가 버지니아 최대의 약점, 러시아어나 히브리어를 할 줄 모르는 유대인이 아니라는 사실도 보완한 그녀의 작전은 유럽에 남겨진 샤갈의 그림을 미국으로 실어 나를 때처럼 참으로 주도면밀했다.

그러나 바바 역시 버지니아와는 달랐다. 사탕중개업자의 딸로 태어나 런던에서 모자 가게를 했던 그녀는 소위 '장사'라는 것을 알았다. 저 유명한 '유대인의 상술' 말이다.

그녀는 샤갈 부녀가 버지니아의 경우처럼 결혼이라는 '형식' 없이 자신을 '이용'할 수 있으리라 생각한 것 같다. 아마도 '전 동거녀' 혹은 '전 정부'에 대한 이야기를 들었으리라. 그래서 그녀는 샤갈의 침대에 들어서기 전에 결혼 조건부터 내세웠다. 바바보다 스물다섯 살이나 많은 샤갈은 뭐가 그리도 다급했는지, 바로 승낙했다.

샤갈은 나중에 바바에게 "나는 그대만을 바라볼 뿐이고, 그대는 오직 나를 위해 존재할 뿐이오"라고 바바에게 시를 바쳤는데, 이 같은 행위는 사실 첫사랑 벨라에게 수도 없이 했던 구애의 연속선상이었고, 두 번째 여인 버지니아에게도 반복된 것이었다.

샤갈이 그린 〈바바의 초상화(1953~1956)〉.
결혼한 다음해부터 그리기 시작해 3년 걸려 완성한
바바의 첫 초상화. 감미로운 사랑의 힘으로 화가가 다시
태어났음을 보여준다. 진한 자주색이 풍기는 강렬함,
황금색과 새빨간 색, 상아색 꽃들이 만발한 꽃다발은
사랑하는 여인의 얼굴을 표현한 이색적인 성상화를
강조한다.

역시 1953년부터 그리기 시작해 1956년에 완성한 바바의
두 번째 초상화. 이 초상화는 구부정한 자세의 어두운
샤갈 자신을 뒤편에, 밝은 바바를 앞쪽 중앙에 배치해
어두웠던 과거를 거쳐 밝은 현재와 미래로 나아감을
상징한다.

말하자면, 샤갈은 '사랑꾼'이었다. 이는 다음 같은 그의 말에서도 아주 잘 드러난다.

> "우리의 삶에는 오직 한 가지의 색채만 있다. 예술가의 팔레트에 삶과 예술을 부여하는 그것은 '사랑의 색채'다."

결혼식은 베르사유궁전에서 40여 분 거리의 랑부예Rambouillet 근처 클레르퐁텐느Clairefontaine에 있는 클로드 보르데의 집에서 열렸다. 앞서 말했듯 레지스탕스였고 「전투」의 주필로, 방스의 저택을 버지니아와 샤갈에게 내주었던 바로 그였다. 그런 그가 이번에는 자신의 집에서 샤갈의 또 다른 결혼식을 마련해준 것이니, 참 묘한 인연이다. 마흔 살과 예순다섯 살의 신혼부부는 그리스로 신혼여행을 떠났다.

바바와 샤갈은 결혼 6년 뒤에 이혼했다가 곧바로 또 재혼했다고 하는 이야기도 있다. 헤어지고 다시 결합하는 기간이 매우 짧아서 사람들이 거의 눈치를 채지 못했다는 것이다. 그 이유는 '두 사람 모두 불만족스러운 상황에서 결혼한 탓에 고통을 겪었기 때문'이라고 한다.

바바의 경우는 잘 모르겠지만, 샤갈의 경우 결혼을 너무 서두른 것은 분명하다. 앞에서도 얘기했지만, 그의 매우 기민한 재혼은 버지니아가 그를 버린 것에 대한 감정상의 반작용 탓이 크기 때문이다.

사춘기가 오기 전까지 샤갈의 집에 드나들었던 버지니아의 아들 데이비드가 이들을 관찰한 바에 따르면 이렇다.

"아버지와 바바는 모두 기지잔머리가 있었고 서로 다투었기 때문에 잘 지냈다."

어쨌든 이들 부부는 샤갈이 죽을 때까지 해로했다. 바바는 일찍이 벨라가 맡았던 많은 역할을 모두 완수하지는 못했지만 남편의 말년에 지대한 영향을 미친 것은 분명하다.

그녀는 남편의 사적, 공적 생활에 관한 모든 것을 빈틈없이 통제했고, 샤갈이 죽은 다음 꼭 10년이 지난 1995년에 사망했다. 그녀 역시 샤갈 무덤이 있는 생폴 드 방스 공동묘지에 묻혔다. 이곳에는 바바의 오빠 미하일의 무덤도 있다.

샤갈의 결혼과 더불어 버지니아와 사이에 낳은 여섯 살 된 아들 데이비드는 파리에서 살고 있는 엄마와 의붓아버지 샤를 레렝에게 보내졌다. 초반에는 엄마 집과 샤갈 집을 왕래했지만, 사춘기에 접어들면서 부자 관계는 사실상 끊어졌다. 샤갈의 기억에서나, 샤갈의 집안에서나 데이비드는 그저 그림자처럼 주변 인물이었다.

버지니아는 헤어진 다음 샤갈을 단 한 차례만 만났다. 그들의 두 번째 만남은 1985년 샤갈의 장례식장에서 이뤄졌다. 그녀는 사진 작업이라는 '일'과 자아의 정체성을 찾았는지 몰라도, 결혼 생활은 다시 힘들어졌다.

1954년부터 샤를 레렝의 건강이 나빠져서 2년이나 병상에 누워 있어야 했고, 이를 버지니아가 간호했다. 버지니아는 샤를 레렝의 사진 작업 실무도 돌봐야 했다. 샤를 레렝은 1957년부터는 다시 건강이 좋아져 열정적인 활동을 했지만, 1963년 다시 병이 도져 그해에 사망했다.

샤갈 부부가 묻힌 생폴 드 방스의 공동묘지

샤갈이 결혼하기 여섯 달 전에 딸 이다도 재혼을 했다. 새 남편은 그녀보다 세 살 어린 스위스의 예술사가이자 큐레이터인 프란츠 마이어Franz Nicholas Meyer, 1919~2007였다.

취리히Zürich 태생의 그는 이다와 결혼할 무렵 샤갈에 대한 연구 논문을 쓰고 있었는데, 1963년 샤갈 연구에 필수적인 역할을 수행하게 되는 두터운 연구서로 무려 775페이지나 되는 『마르크 샤갈 : 생애와 작품Marc Chagall: Life and Work』을 펴냈다. 그는 나중에 바젤미술관의 관장이 되었다.

이다는 전 남편과의 사이에는 자식이 없었으나, 메이어와는 딸 메레와 벨라Meret & Bella 그리고 아들 피터Peter를 낳았다. 그녀는 78세의 나이로 프로방스의 르 카스텔레Le Castellet에 있는 여름 별장에서 사망했다.

이다가 재혼할 무렵부터는 오랜 기간 아버지의 비즈니스를 도맡아 실권을 행사했던 '권좌'에서 내려와야 했다. 그녀를 부동의 자리에서 끌어내린 사람은 앞의 마티스 단원에서도 등장했던 에메 마그였다. 당시 파리 테헤란로에

이다와 프란츠 메이어

있던 그의 화랑은 전후 파리에서 가장 큰 성공을 거두고 있었다. 샤갈은 생폴드 방스에 정착한 이후 1950년대 말부터 1964년 개원한 마그재단의 마그미술관 조성사업에 참여했다.

마그재단의 라이벌이라면 루이 카레Louis Carré, 1897~1977가 있었지만, 그는 앙리 마티스의 아들이자 샤갈의 뉴욕 담당 화상으로 뉴욕에서 갤러리를 운영하고 있던 피에르 마티스에게 미움을 받고 있었으므로 샤갈은 그 점을 고려해 마그에게 전속 계약을 맡겼다.

샤갈과 마티스, 피카소의 우정과 갈등

거듭 강조하지만 프로방스에서 마티스와 피카소, 샤갈 세 명의 거장이 이웃사촌으로 옹기종기 모여 살았다는 사실은 예술사에서 정말 다시는 볼 수 없

마그재단의 샤갈 전시회 포스터

는 희귀한 예라 할 수 있다. 더구나 모두 말년에! 이는 위대함이 위대함을 끌어당긴다는 말밖에 설명할 수 없는 운명적 이끌림이었다.

그들은 사망한 다음에도 그들 영혼의 정수가 서로 엮여서 지금까지 이웃으로 지내고 있다. 니스 시미에 언덕의 마티스박물관에서 조금 걸어 내려오면 샤갈박물관이 있고, 피카소박물관은 이곳에서 약 30분 정도 떨어진 앙티브의 작은 성에 있다. 게다가 방스의 마티스 무덤은 생폴 드 방스의 샤갈 무덤과 지척지간이다. 피카소 무덤은 차로 1시간여 거리로 좀 떨어진 보브나르그에 있지만, 그 역시 20분 거리의 무쟁에서 사망한 것을 옮긴 것이다.

젊었을 때인 제1차 세계대전 이전 파리 시절에 샤갈은 피카소를 높이 존경했고, 심지어 1914년 〈피카소의 생각〉이라는 그림을 그에게 바쳤다.

한번은 아폴리네르에게 피카소를 소개해달라고 조른 적이 있었다. 그러자 아폴리네르는 그 부탁을 거절하면서 농담처럼 다음처럼 말했다.

"피카소라고? 자네 자살하고 싶나? 그와 가까운 사람들은 모두 자살했다네."

결국 샤갈은 1920년대까지 한 번도 피카소를 만나지 못했고, 그들의 관계는 뭔가 껄끄러웠다. 그럼에도 피카소는 샤갈에게 열정적인 단골 화제였다. 피카소에 대한 그의 시기심은 워낙 잘 알려져 있어 그의 친구들은 이 사실을 가지고 그를 놀려대기 일쑤였다.

샤갈이 미국으로 망명한 다음에는 피카소의 과대포장된 지위를 지나치게 의식한 나머지 자신이 곧 유럽으로 돌아갈 테니 만나기를 기대한다는 편지를 보내기도 했다. 한 가지 잘 이해되지 않는 사실은 샤갈이 그 편지에 아들 데이비드의 사진을 동봉했다는 점이다.

아마도 대중에게 노출되기 꺼려하는 '사생아'의 사진을 보냄으로써 그만큼 자신이 피카소에게 진실된 감정을 갖고 있다는 사실을 알린 것인지도 모르겠다. 이런 정성이 주효한 탓인지 피카소는 이에 감동받아 데이비드 사진을 침실 벽에 꽂아두었다고 한다.

이런 일이 벌어진 지 몇 달 뒤에 샤갈 가족은 진짜 파리로 돌아왔다. 피카소와의 만남은 역시 '행동대장' 이다가 다리를 놓았다. 이다는 사전에 피카소에게 거창한 식사를 대접하며 '늙은 호색한'의 마음을 사로잡았다. 그럼에도 그들이 드디어 '감동적인 만남'을 가진 것은 샤갈 가족이 프로방스로 이주한 다음이었다. 샤갈은 발로리 집으로 직접 피카소를 찾아갔다.

이후 그들은 서로의 스튜디오를 자주 방문했다. 그들은 서로 영감을 주었다. 그런데 샤갈이 프로방스로 이사해서 피카소와 더 가까운 곳에서 살게 되자 사달이 났다. 평소에도 이것저것 서로 다른 재료들로 새로운 작업을 시도하길 즐겨했던 샤갈이 도자기 만들기에 손을 대기 시작한 것이다.

따지고 보자면 도자 작업은 피카소가 훨씬 선배였다. 그가 발로리의 마두라

샤갈, 1911~1912년,
〈아폴리네르에 대한 오마주(Homage-to-Apollinaire)〉,
네덜란드 아인트호벤 반아베미술관 소장

Madoura 공방에서 작업을 시작한 것은 1946년 무렵이었다. 더구나 프로방스 지역의 도자산업은 제1차 세계대전 이후 쇠퇴 일로를 걷고 있었는데, 이를 부활시켜 일종의 붐을 만든 장본인이 피카소였다. 따라서 샤갈은 1950년 도자기에 손을 대기 이전에 선배 피카소에게 뭔가 양해를 구하는 것이 마땅했다. 그러나 샤갈은 앙티브, 방스, 비오^{Biot} 등 몇 군데 가마에서 작업을 해본 뒤 몰염치하게도 피카소가 처음 도자기를 만들었던 발로리의 마두라 공방을 자주 찾아갔다. 이것은 일종의 영역 침범이었다.

처음에는 피카소가 샤갈과 함께 작업을 하는 등 도자기 선배로서의 아량을 베풀었으나, 샤갈이 작업을 본격화하자 피카소는 점점 기분이 상했다. 또한 마두리 공방은 자신이 도자기에 새롭게 눈을 뜬 의미 있는 공간이었으므로 '후배 라이벌'이 이곳을 드나드는 게 영 마뜩치 않았다.

결국 피카소는 짓궂은 장난으로 샤갈에게 앙갚음을 한다. 아직 초보자라서 서툴기만 한 샤갈이 미완성으로 남겨놓은 단지 하나를 피카소가 멋지게 마무리해서 '샤갈풍^{à la Chagall}'이라고 이름을 붙여 내놓은 것이다. 거의 공개적인 조롱이었다.

두 거장 사이엔 일촉즉발의 긴장감이 높아져갔고, 결국 충돌하는 날이 찾아온다. 당시 피카소와 살고 있었던 프랑수와즈 질로는 자신의 책 『피카소와의 삶』에서 1951년 테리아데가 마련한 점심 식사에서 벌어졌던 사건을 다음처럼 회상했다.

> 비쩍 마른 여자들에 들러 싸여 기분이 나빴던 그피카소는 분위기를 바꾸려고 마음먹었다. 그는 샤갈에게 이렇게 비꼬아 말했다.

마두라 공방에서의 피카소와 샤갈

"이봐 친구. 자네는 충직하고 헌신적인 러시아인인데 어째서 조국에는 전혀 발을 들여놓지 않으려는지 모르겠네. 다른 데는 다 가잖아. 미국까지도 말이야. 그런데 지금 돌아온 자네는 여기 프로방스까지밖에 오지 않았다네. 조금 더 가서 조국이 요즘 어떻게 변했나 보고 싶지 않은가?"

그 샤갈은 피카소를 향해 활짝 웃으며 말했다.

"파블로, 제가 양보하죠. 당신이 먼저 가야죠. 제가 듣기로는 당신은 러시아를 아주 사랑한다면서 피카소가 1944년 공산당에 가입한 사실을 비꼬는 말 작품은 그렇지 않다더군요. 하지만 당신이 먼저 가서 자리를 잡으면 저도 따라갈 수 있을 거예요. 얼마나 잘 버틸 수 있을지 모르지만."

그러자 피카소는 갑자기 험악한 표정을 지으며 말했다.

"자네한테는 장사가 문제겠지. 거기에 가면 돈을 벌 수 없을 테니 말이야."

바로 거기서 그들의 우정은 끝났다. 비록 얼굴에서 미소는 떠나지 않았지만 두 사람은 내내 서로 빈정거렸으며, 자리를 뜰 때에는 이미 두 구의 시신만이 식탁 아래 남아 있었다. 그날부터 파블로와 마르크는 서로 눈길조차 마주치지 않았다.

한참 지나서 내가 샤갈을 만났을 때도 그는 그날의 점심을 잊지 않고 이렇게 말했다.

"유혈극이었죠."

그러나 우정이 끝난 후에도 피카소는 여전히 샤갈 작품에 감탄을 금치 못했다. 그는 샤갈에 대해 이렇게 말했다. "마티스가 죽으면 샤갈이야말로 진짜 색채가 무엇인지 이해하는 유일한 화가다……. 그가 방스에서 마지막으로 행한 몇 가지 작업들은 르누아르 이후 샤갈 말고는 빛에 대한 그런 감성을 가진 사람은 아무도 없었다는 사실을 내게 확인시켜주었다."

1955년 생폴 드 방스에서의 샤갈과 피카소

상대방에 대한 경외심은 샤갈도 마찬가지였다. 오찬장에서의 결별 이후 샤갈은 피카소를 이름 대신 "스페인 놈"이라고 불렀지만, 피카소에 대해 물으면 "피카소가 얼마나 천재적인 사람인가. 그가 그림을 안 그려서 안타깝다"고 말했다.

책의 앞부분에서 얘기한 대로 마티스와 피카소의 우정도 끝 무렵에 가서는 그다지 좋지 않았다. 그러나 그들 역시 상대방 예술성에 대한 칭송은 지속되었다. 마티스는 "한 사람만이 나를 비판할 권리가 있다. 피카소다"라고 말했다.

1954년 마티스가 사망하자 피카소는 그의 가장 인기 있는 주제를 언급하며 "마티스가 죽었을 때 그는 오달리스크를 유산으로 남겼다"고 말했고, '마티스 따라하기'를 계속했다. 피카소는 자신의 그림 시리즈로 오달리스크를 해석하기 시작했다. 피카소는 "모든 것을 고려해 볼 때, 오직 마티스만 있다"고

끝까지 믿었다. 프랑수와즈 질로도 "마티스만큼 (피카소에게) 큰 의미가 있는 사람은 없다"고 회고했다.

그러나 정말 희한하게도 마티스와 샤갈은 거의 어울리지 않았다. 이 두 거장은 프로방스에서 같은 주변 환경을 바라보며 영감을 얻었지만, 그들의 작품은 전혀 닮은 점이 없다. 아마도 성격적으로 그들은 비슷한 유형이었다고 할 수 있다. 그렇기에 이끌림도 없고, 서로 불편했을 것이란 추정이 가능하다. 그들은 같은 시기, 같은 장소에 살면서 서로를 의식하기는 했어도, 그들의 관계에 대해서는 알려진 바가 거의 없다.

마티스와 피카소에 대한 샤갈의 질투

샤갈은 욕심이 대단했다. 좋은 말로 말하면 예술에 대한 열정이지만, 단순히 열정이라고 표현하기에는 지나친 구석이 있었다.

방스 거리와 '성모 마리아 탄생 성당'

방스 '성모 마리아 탄생 성당'의 샤갈 모자이크. 이집트 나일 강에서 모세를 구하는 장면을 묘사했다.

방스에 정착한 샤갈은 초반에 집 근처의 '성모 마리아 탄생 성당Cathédrale Notre-Dame de la Nativité'에 많은 관심을 가졌다. 이 성당에는 12개의 낡은 벽면이 있었는데, 샤갈은 급기야 이 벽면을 『구약성서』가 주는 메시지로 채우기로 작정한다. 그리하여 오랜 고민 끝에 「창세기」와 「출애굽기」에서 12가지 에피소드를 골라 연작을 구성하고자 했는데, 5점밖에 완성하지 못했다. 당연히 성당 벽에 대한 구상도 끝을 맺지 못했다.

샤갈은 왜 방스에 이주한 초기 방스의 성당에 집착했을까? 결론은 자명한 듯 보인다. 인접한 곳에 있는 마티스의 로사리오 성당을 의식했기 때문이다. 성당을 아예 송두리째 지어 자신만의 독특한 예술 세계를 구현한 거장에게 자극받아, 그 역시 성당에 뭔가 자신의 영역을 남기길 희망했을 것이다.

이런 질투의 결과, 성서 메시지를 주제로 한 5점의 대형 유화도 남았고, 성당한 벽면에 모자이크 작품도 남겨졌다. 이 모자이크는 파라오의 유대인 영아 학살 명령을 피해 갈대 바구니에 넣어져 나일 강가에 버려진 모세를 강에서 목욕하던 파라오의 딸이 구출하는 장면을 묘사하고 있다. 이때 그려진 성서 메시지 유화 5점은 1973년 개관된 샤갈미술관의 핵심적이고 상징적인 작품이 되었다.

1969년 당시 프랑스 문화부장관 앙드레 말로는 샤갈의 성서 메시지 유화를 보관하기 위해 미술관을 짓기로 결정했다. 이 프로젝트를 위해 니스 시는 1970년에 거대한 빌라의 땅을 마련했다.

샤갈은 이 프로젝트의 진행 과정을 세심히 지켜보며 강당강의실을 포함시켜 줄 것을 요청했다. 또한 강당에는 스테인드글라스 창문, 복도에는 모자이크로 장식하기를 원했다.

1973년 샤갈은 앙드레 말로, 그리고 신임 문화부장관 모리스 드롱Maurice Druon과 함께 니스에 세워진 공식 명칭 '국립마르크샤갈성서박물관Musée national Message Biblique Marc Chagall'의 개관식에 참석했다. 이때의 기념사는 이렇다.

"어렸을 때부터 나는 성서에 매료되었습니다. 나는 성서야말로 시대를 불문하고 시문학의 가장 위대한 원천이라고 믿었으며, 지금도 그렇게 믿습니다. 이후 나는 늘 성서를 삶과 예술에 반영하고자 했습니다. 성서는 자연의 메아리며, 내가 전달하고자 한 것도 바로 그 비밀입니다. 평생토록 최선을 다해 나는 어렸을 때의 꿈에 부합하는 작품들을 그려왔습니다. 이제 나는 그것들을 이곳에 두어 여기를 찾는 많은 사람들로 하여금 정신적 평화와 경건한 분위기, 삶의 안식을 느낄 수 있도록 하고자 합니다. 나는 이 작품들이 단지 한 개인의 꿈만이 아니라 모든 인류의 꿈을 대표한다고 믿습니다. …… 아마 이곳에 오는 젊은이와 어린이들은 내 색채와 선이 꿈꾸었던 사랑과 형제애의 이상을 추구하게 될 것입니다. …… 그리고 종교와 무관하게 누구나 여기서 상냥하고 평화롭게 그 꿈을 이야기하게 될 것입니다. …… 삶에서처럼 예술에서도 사랑에 뿌리를 두면 모든 일이 가능합니다."

샤갈은 이후 사망할 때까지 10여 년 동안 이 박물관에 계속 관여하면서 크고 작은 행사에 참석하거나 권위 있는 연주회 등을 기획했다.

샤갈이 사망한 후 샤갈 가족은 막대한 상속세를 내는 대신에 이를 예술 작

샤갈박물관 중정의 모자이크

품으로 대납하는 방식을 택했다. 그렇게 상속세 대신 나온 그림들이 이 박물관을 새롭게 채웠다. 시간이 지남에 따라 다른 작품들이 수집되었고, 샤갈 후손들의 지원 덕분에 박물관은 현재의 명성과 위치를 계속 유지하고 있다. 2005년 이곳은 지금의 '국립마르크샤갈박물관'으로 명칭이 바뀌었다.

앞에서도 잠깐 이야기했지만 샤갈은 자신의 창작 이력 가운데 무려 15년 동안이나 도자기와 조각에 바쳤다. 물론 회화 작업 틈틈이 이뤄진 이 경력은 모두 프로방스로 이주해온 다음부터 시작됐다.

피카소는 당연히 자주 드나들었고, 마티스도 자신의 로사리오 예배당 가는 길에 정기적으로 들렀던 마두라 공방에서 도자 작업의 기초를 마스터한 샤갈은 200점이 넘는 접시와 패널, 꽃병 등에 그가 좋아하는 주제의 그림을 그려 구웠다. 거기에는 파리의 풍경과 연인들, 수탉, 물고기, 성서의 주제들, 서커스, 라퐁텐의 우화들이 화가의 상상력으로 빚어낸 환상의 세계로 변형되어 등장한다.

그의 채색토기에 대한 접근은 '최후의 인상주의 화가'로 불렸던 피에르 보나르나 마티스와 함께 포비즘을 창시한 앙드레 드랭, 조각가 아리스티드 마욜 Aristide Maillol, 1861~1944 등이 50여 년 전에 선보였던 도자기 작품만큼이나 관능적이다. 샤갈은 아마도 예전에 그들의 작품을 사들인 전설적인 화상 앙브루아즈 볼라르Ambroise Vollard, 1866~1939●의 집이나 뉴욕의 피에르 마티스 화랑

● 1895년에 세잔의 전시를 손수 기획한 이후 많은 훌륭한 화가, 조각가의 작품을 취급하고 보나르, 샤갈의 삽화를 넣은 호화본 출판도 했다. 화상의 현대적 상법 창안자이기도 하다. 『세잔(1914)』, 『르누아르(1920)』 등 다수 평론 서적도 남겼고, 세잔, 르누아르, 보나르, 피카소, 루오 등이 그의 초상화를 그렸을 정도로 전설적인 인물이다. 인상주의 화가들의 적극적인 후원자로 유명하며, 세잔은 그가 아니었다면 알려지지 못했다.

샤갈박물관

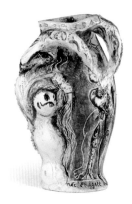

샤갈이 만든 물병

에서 그들 도자기를 보았을 것이다. 그것들이 그의 무한한 호기심을 자극했으리라는 것은 의심의 여지가 없다.

찰흙놀이를 하는 어린이처럼 샤갈은 점토와 흙을 가지고 뭔가를 만들어냈다. 그의 손을 거쳐 소라고둥 모양의 이상하게 생긴 꽃병이 만들어지고 여인의 몸과 같은 윤곽을 지닌 물병이 탄생했다. 그는 다양한 제작법을 시도해보고, 가마 여는 걸 지켜보면서 어린아이처럼 즐거워하거나 깜짝 놀라면서 작업 과정 자체를 즐겼다. 그래서 다른 화가들이 전문 도예가가 만든 성형품에 그림을 그렸던 것피카소도 그랬다과 달리, 그는 스스로 독창적인 형태의 성형을 직접 했다. 따라서 유별나게 도자기로 조각하는 화가가 되었다.

시중에서 구할 수 있는 샤갈의 도자기 제품은 거의 없다. 예술적으로 뛰어난 성취를 보였다고 하기도 어렵지만, 샤갈 도자기는 매우 희귀하며 전 세계적으로 100여 점 남짓 남아 있는데, 이마저도 대부분 박물관에 있거나 샤갈 가문 컬렉션으로 존재한다.

도자기의 연장선상에서 샤갈은 조각에도 손을 댔다. 특히 그는 부드러운 석회함을 이용하여 저부조低浮彫●를 조각했다. 그가 광물성 벽에 윤곽을 뚜렷이 새긴 전설 속의 인물들과 동물들은 그 특유의 투박함으로 원시시대 동굴미술이나 로마네스크 양식의 기둥머리를 연상시킨다. 색채의 대가인 샤갈로서는 흰색에 흰색을 돋보이게 하는 이런 엄격한 단색 작업이 색다르고도 역설적인 경험이 됐을 것이다.

샤갈이 조각에 뛰어든 과정에 대해 버지니아는 이렇게 말했다.

●   얕게 만드는 부조. 메달이나 주화 따위에서 흔히 쓴다.

"그것은 매일 아침 산보할 때마다 지나치던 집 맞은편에 있던 어느 이탈리아인의 대리석 작업장에서 자극을 받은 탓이었다."

도자기와 조각 작업에서도 샤갈의 개성은 뚜렷이 드러나지만, 솔직히 그의 감수성은 3차원보다는 2차원이 더 어울린다고 할 수 있다. 도예에 적용한 모티프, 특히 연인들이나 성서 인물들은 대개 자신의 회화나 판화 작품에서 그대로 차용한 것들로, 도예 기법의 전혀 다른 성격에 적응하지 못한 채 그 이미지만을 그저 점토로 옮겨놓은 데 불과하다.

이 점은 그의 모자이크나 태피스트리 작업도 거의 비슷하다. 이들 작품에서 오브제의 특성을 제대로 살린, 기존 회화와 구별되는 독창적이고 뛰어난 성취는 찾아보기 힘들다. 이질적인 오브제로 구현된 기존의 회화 캐릭터를 좋아한다면 어쩔 수 없지만 말이다.

그러나 스테인드글라스에 오게 되면 또 얘기가 달라진다.

샤갈과 세상을 잇는 창문, 스테인드글라스

샤갈은 어떤 매체에도 낯설어하지 않았다. 그의 창작 영역은 단순한 그림에서 벗어나서 책의 삽화와 일러스트, 무대 세트, 태피스트리 같은 대부분 화가들이 꺼려하거나, 엄두를 내지 못하는 다양한 분야로도 성큼 뛰어들었다. 파리 오페라하우스의 천장화도 그런 도전의 산물이다. 물론 당시 문화부장관이었던 앙드레 말로의 요청에 의한 것이기는 하지만, 앙드레 말로야말로 장르에 상관없이 높은 수준의 작품을 만들어내는 샤갈의 도전 정신을 높이

파리 오페라 하우스의
샤갈 천장화 '꽃다발 속의 거울'

평가했던 것이라 할 수 있다.

샤갈이 그린 천장화는 '꽃다발 속의 거울'이란 이름이 붙었는데, 샤갈은 오페라와 발레에 대한 찬사를 표현하기 위해 〈마술피리〉, 〈백조의 호수〉 등의 발레곡과 라벨과 스트라빈스키 음악, 러시아 민속음악 등의 이미지 등을 그려넣었다. 샤갈이 이 천장화 작업을 시작한 것은 1963년이었고, 1964년에 완성해서 파리 시에 기증했다.

그의 인상적인 작품의 특별한 장소, 성聖과 속俗이 한데 다양하게 어울리는 공간은 스테인드글라스에 의해 열린다. 이 매체는 예술가가 유리의 특질에 대한 시도를 통해서 벽화를 비추는 자연광에 의해 야기된 놀라운 색채와 시각적 효과를 얻을 수 있게 해주었다.

샤갈은 70대에 창문을 디자인하기 시작했다. 1956년 그가 처음 만든 스테인드글라스는 이탈리아와 가까운 프랑스 알프스 지역 플라토 다시Plateau d'Assy에 있는 '은총의 성모교회Notre Dame de Toute Grâce'다. 몽블랑을 마주보는 곳에 1937년부터 1946년까지 세워진 이 교회는 20세기의 가장 유명한 예술가들이 상당수 동원되어 만들어진 인테리어로 유명하고, 현대 종교예술 발전의 랜드마크로 여겨진다. 내부에는 샤갈의 스테인드글라스 외에도 방스의 로사리오 예배당에 있는 것과 똑같은 마티스 그림도 있다. 이 교회에 봉헌한 다른 예술가로는 피에르 보나르, 페르낭 레제, 조르주 브라크, 클로드 메리Claude Mary 등이 있다.

그러나 이 교회의 스테인드글라스는 규모가 작은 것으로, 첫 본격적인 프로젝트는 프랑스 로렌Lorraine 지방의 수도인 메츠Metz 대성당의 것이다. 메츠 대성당은 가장 많은 중세시대 스테인드글라스를 유지하고 있는데, 이들은 13

세기부터 만들어지기 시작해 14세기와 16세기에도 추가되었고, 20세기 것
은 샤갈에 의해 완성됐다.

샤갈은 1958년부터 1960년까지 이 성당의 스테인드글라스를 위한 초벌 그
림을 그렸지만, 이를 바탕으로 한 3개의 대형 스테인드글라스를 실제 완성한
것은 1968년이었다. 의뢰받은 때부터 완성하기까지 무려 10년이 걸린 것이다.
따라서 샤갈의 두 번째 스테인드글라스 완성품은 예루살렘의 것이라 할 수
있다. 1959년 이스라엘 예루살렘 하다사Hadassah병원 원장 미리암 프레운트
Dr. Miriam Freund 박사와 병원 설계자 조셉 노펠트Joseph Neufeld는 샤갈에게 병
원 구내에 아직 지어지지 않은 회당을 위한 스테인드글라스 디자인을 의뢰
했다. 그들의 유일한 요구는 샤갈이 이스라엘의 열두 부족tribes을 각각 하나

씩 묘사한 열두 개의 창문을 만들어달라는 것이었다. 그 이외에는 샤갈 자신이 원하는 작업을 마음대로 할 수 있었다.

샤갈은 유대인으로, 이스라엘의 이 요청에 뛸 듯이 기뻐했다. 그는 생폴 드 방스에 있는 그의 스튜디오에서 2년 넘게 이 창문들을 작업했다. 마침내 샤갈이 이 프로젝트를 완성했을 때, 그 웅장한 창문은 예루살렘에 곧바로 가지 않고 매우 이례적으로 국제적인 투어를 먼저 거쳤다. 그것들은 처음에 파리 루브르박물관에 전시되었고, 그 후에 뉴욕 현대미술관에 전시되었다. 스테인드글라스 전시회는 샤갈이 처음이었다.

이 창문들은 엄청난 인파를 끌어모아 전 세계적으로 엄청난 성공을 거두었다. 그런 다음 마침내 1962년 2월 예루살렘 하다사병원에 위치한 아벨예배당Abbell synagogue의 영구적인 집에 도달했다.

이 프로젝트는 샤갈에게 매우 중요했다. 샤갈은 이 작업을 하면서 받은 느낌을 다음처럼 말했다.

> "나는 어머니와 아버지가 내 어깨너머로 보고 있는 것을 느꼈다. 그들 뒤에는 어제와 천년 전에 사라진 수백만의 다른 유대인들이 있었다."

이런 그의 느낌은 개막식 연설에서도 이어졌다.

> "창문은 성경적인 사랑과 모든 사람들 사이의 우정과 평화를 항상 꿈꿔왔던 유대인들에게 주는 나의 겸손한 선물이다. 수천 년 전, 다른 셈 족들 사이에서 이곳에 살았던 사람들에게 말이다. 나의 희망은 이곳

에서 내 손길이 문화 탐방객, 시인, 이웃 예술가들에게 이어졌으면 하는 것이다."

영국 웨스트 서섹스 치체스터Chichester 대성당은 1천 년 동안 치체스터 공동체 생활의 중심지였다. 이 성당에는 크고 역사적이며 아름다운 스테인드글라스 창문이 많이 있는데, 역시 관객들을 끌어들이는 가장 유명한 것은 샤갈의 창문이다.

성당 주교인 월터 하세이Walter Hassey는 샤갈의 스테인드글라스 창문에 익숙했다. 1961년에 루브르박물관에서 예루살렘 하다사병원을 위해 만든 열두 부족 창문 특별 전시회를 보았기 때문이다. 그는 치체스터 성당에 또 하나의 창문을 샤갈 작품으로 만들기로 결정했다. 샤갈은 동의했고 그의 걸작은 1978년에 공개되었다. 이 창문은 「시편」 150편을 묘사했다.

"하나님의 거룩함을 찬양하라. 숨쉬는 모든 것이 주님을 찬양하게 하라."

붉은색을 주조로 한 이 창문은 축제 분위기를 나타낸다. 「시편」에서 언급된 것처럼 악사들이 호른, 드럼, 플루트, 현絃, 심벌즈를 연주하는 것을 볼 수 있다. 가운데에는 일곱 가지 촛대를 들고 있는 두 인물이 있고, 「시편」 저자인 다윗이 그의 하프를 연주하고 있다.

1964년 샤갈은 유엔UN을 위한 스테인드글라스 계약을 했다. 이 창문은 유엔 2대 사무총장으로 아프리카에서 비행기 추락 사고로 15명의 다른 사람들과 함께 사망한 스웨덴 출신의 다그 함마르셸드Dag Hammarskjöld를 기리기 위한 것이었다.

유엔에 도착한 그의 작품은 '평화의 창'이라고 이름이 붙여졌다. 스테인드글라스는 주로 파란색으로, 특이한 모양과 상징성이 가득하다. 샤갈의 목적은 유엔이 창설된 목적인 평화와 형제애의 이상을 표현하는 데 있었다. 또한 함마르셸드가 가장 좋아했던 음악인 〈베토벤 9번 교향곡〉을 나타내는 상징도 포함됐다. 이 창문은 유엔 공공 로비의 서쪽에 위치해 있다.

스위스 취리히의 프루문스터Fraumünster교회 성직자들은 오랫동안 그들의 중세 교회를 위해 아름답게 채색된 스테인드글라스 창문을 만들 지역 예술가를 찾으려고 노력했다. 하지만 그들은 적합한 사람을 찾는 데 성공하지 못했다.

1967년 취리히 쿤스트하우스Kunsthaus가 샤갈 전시회를 열었다. 마침 프루문스터 교회 성직자 중 한 명이 이 전시회를 보고 그의 예술 작품에 감동을 받았다. 그는 즉시 샤갈이 자신들 교회의 스테인드글라스를 만들 적합자라는 사실을 깨달았다. 그의 프로젝트는 5개의 10미터 높이 스테인드글라스 창문을 만드는 것이었다.

샤갈이 이 교회의 의뢰를 받아들였을 때 그는 80세였다. 그랬어도 최종 결과는 놀랍기 그지없다. 샤갈의 창들은 저마다 다른 색깔 테마를 가지고 있다. 샤갈은 그 색깔들을 상징적으로 사용했다. 대지를 나타내는 파란색과 녹색, 하늘을 나타내는 빨간색과 노란색이다.

또한 각 창은 『성경』 속 이야기를 묘사하고 있다. 엘리야Elijah가 하늘로 날아가는 '예언자의 창', 모세가 십계명을 안고 고통받는 백성을 내려다보는 '계

랭스의 노트르담 대성당 스테인드글라스

율의 창', 야곱의 전투와 천국의 꿈을 묘사한 창, 다윗 왕과 예루살렘이 하늘에서 땅으로 내려오는 모습을 그린 '시온 창', 예수님의 삶을 보여주는 '그리스도 창'들이 그것이다.

고딕 양식의 노트르담 대성당은 언제나 랭스 시를 지배해왔다. 이 거대하고 웅장한 중세 교회는 짓는 데 300년이 넘게 걸렸다[1211~1516]. 이곳은 중세 프랑스 가톨릭 생활의 진원지였고, 프랑스 왕들은 모두 이곳에서 왕위에 올랐다. 노트르담 대성당 내부는 수천 개의 종교적인 조각과 수백 개의 거대한 스테인드글라스 창으로 장식되어 있다. 샤갈의 작품은 이 스테인드글라스의 하이라이트를 구성한다.

샤갈이 이 유명한 프로젝트를 제안받았을 때, 그는 1968년 숙련된 유리 제조사인 샤를 마크[Charles Marq]와 함께 작업에 착수했다. 그들은 함께 6년 후인 1974년에 창문을 완성했다.

샤갈은 중세시대에 사용했던 색조와 같은 색을 나타내기 위해 많은 애를 썼고, 그 결과는 놀라웠다. 샤갈은 10미터 높이의 끝이 뾰족한 란셋[lancet] 창문 6개를 만들었고 그 위에 장미 창문 3개를 만들어 다음과 같은 장면을 묘사했다.

왼쪽 창에는 '이새의 나무[tree of Jesse]*'와 다윗과 솔로몬, 처녀 마리아가 아기 예수를 안고 있는 모습이 그려져 있다. 중앙 창문은 아브라함의 역사와 그리스도의 마지막 순간을 묘사하고 있다. 오른쪽 창문은 프랑스 왕들의 대관

---

* 예수의 족보를 나타내는 도표 역할을 하는 그림이나 조각으로, 「이사야서」11장 1~3절과 「마태복음」1장 1~16절을 근거로 중세 때 많이 그려지고 조형되었다. 주로 나뭇가지 모양으로 계도(系圖)를 형상화했다.

식 등 대성당의 역사를 말해준다.

1920년대에 존 D. 록펠러 주니어John D. Rockefeller Jr는 뉴욕 포칸티코 힐스Pocantico Hills에 유니언 교회Union Church를 지었는데, 예술의 위대한 후원자였던 아내 애비 앨드리치 록펠러Abby Aldrich Rockefeller는 많은 예술가들에게 스테인드글라스 창문을 만들어달라고 의뢰했다.

샤갈도 1963년 데이비드 록페러David Rockefeller가 그의 아버지 존 D를 추모하기 위한 작품 의뢰를 받았다. 그는 '착한 사마리아인Good Samaritan'이라고 불리는 창을 포함하여 여러 개의 추모 창을 제작했다.

샤갈이 미국을 위해 만든 세 번째 스테인드글라스는 시카고에 있다. 1970년대 초, 샤갈은 체이스 타워 플라자Chase Tower Plaza를 위한 그의 모자이크 '사계절' 작업을 하면서 시카고를 방문했다. 이 예술가는 시카고의 블루스와 소울 밴드로부터 많은 영감을 받는데, 마치 밴드가 시카고를 위해 스테인드글라스 창문을 만들어달라고 부탁하는 듯한 느낌을 받았다.

평소 샤갈은 미국에 대해 매우 감사한 마음을 가졌다. 나치의 억압을 피해 망명한 나라였기에 이는 당연했다. 앞에서도 얘기했지만, 약 8년 동안의 미국 생활을 마감하고 프랑스로 돌아갈 때 샤갈은 "무엇보다 이 나라의 위대함과 그것이 내게 주는 자유의 느낌에 감명을 받았다"고 말했다.

그렇게 창문이 완성되자, 이는 미국의 200번째 생일을 기념하기로 결정되었고, 그렇게 해서 '미국의 창The America Window'이라는 이름이 붙여져 1977년 시카고미술관에 증정됐다. 6개의 뛰어난 패널은 종교적 자유뿐만 아니라 미국의 다양한 문화적 생산을 상징한다.

샤갈의 '미국의 창'의 첫 번째 패널은 블루스와 소울 뮤직으로 풍부한 시카

시카고미술관이 소장하고 있는 '미국의 창'

고 역사를 묘사한다. 두 번째 패널은 시카고의 많은 지역사회에서 발견되는 협력과 단결을 묘사한다. 또한 1976년에 사망한 시카고 시장 리처드 J. 데일리Richard J. Daley를 추모하는 역할도 하고 있다. 세 번째 패널은 미국에서 종교적 자유의 중요성을 강조한다.

독일 마인츠Mainz의 성 슈테판St. Stephan 성당 내부는 역시 독일인의 특성을 반영하듯 다소 평범하고 실용적이다. 하지만 그런 평범함이 오히려 멋진 샤갈 스테인드글라스 창의 완벽한 배경이 되어주었다.

제2차 세계대전 중 독일이 유대인들을 상대로 저지른 잔학 행위로 인해 샤갈은 독일 교회를 위한 작품을 만드는 것을 꺼렸다. 그 자신도 학살을 피해 프랑스를 떠나 미국에서 망명자 생활을 해야 했기에 더욱 그랬다.

그러나 많은 고민 끝에 샤갈은 이 프로젝트를 진행함으로써 인류에 훨씬 더 의미 있는 것을 보여줄 수 있다고 결심했다. 독일 교회를 위한 창을 만드는 유대인 예술가는 독일과 유대인 사이의 화해와 기독교와 유대인의 화해를 상징할 수 있다. 이런 사실을 염두에 두고 샤갈은 마침내 성 슈테판 성당의 제안에 동의했다.

1978년에 시작한 작업은 그가 97세의 나이로 사망한 1985년까지 계속됐다. 그동안 샤갈은 밝은 파란색으로 9개의 스테인드글라스 유리창을 만들었다. 이것이 그의 마지막 프로젝트였다. 이 그림들은 기독교와 유대교의 전통에 걸친 공통점을 보여주면서 『구약성서』의 장면들을 묘사하고 있다.

1963년 영국 헨리 경과 다비그도르-골드스미드Sir Henry and Lady D'Avigdor-Goldsmid 부부의 딸 사라Sarah가 21세의 나이에 항해 사고로 익사하자, 이들은 사랑하는 딸에 대한 기념으로 튜들리Tudeley의 올 세인츠All Saints 교회에

소박하게 하나의 스테인드글라스를 설치하고자 이를 샤갈에게 의뢰했다. 이들도 1961년 루브르박물관에서 샤갈 스테인드글라스 '이스라엘 열두 부족' 전시회를 봤던 참이었다.

샤갈은 이 제안을 받아들였다. 1967년 샤갈이 작품 구상을 위해 튜들리에 도착했을 때 그는 이 교회의 아름다움에 압도당해 다음처럼 소리쳤다.

"정말 최고입니다. 제가 다 할게요."

그 후 10년 동안 샤갈은 이 교회를 위해 하나가 아닌, 11개의 창문을 디자인했다. 그러나 스테인드글라스 창문은 샤갈이 죽기 직전인 1985년에야 설치되었다. 그렇지만 튜들리의 이 작은 교회는 창문 모두가 샤갈의 스테인드글라스로 된 세계 유일의 교회가 됐다.

샤갈은 "내게 유리는 나의 가슴과 세상의 가슴 사이에 위치한 투명한 벽"이라고 말했다. 20세기의 다른 유명한 예술가들도 샤갈처럼 다양한 장르의 시각예술을 시도했지만, 그처럼 스테인드글라스의 독보적이고 기념비적인 작품을 남긴 사람은 없다. 또한 주제는 늘 성서적 이미지였다고 할지라도, 그 배경을 이루는 것은 프로방스의 맑은 기운이었다.

샤갈, 생폴 드 방스에서 죽다

생폴 드 방스를 방문하면 이곳이 예술인을 위한 예술인의 마을이라는 사실을 한눈에 알게 된다. 동네 어귀에 마그재단이 있을 뿐 아니라, 마을 전체가 미술관으로 뒤덮여 있다. 보이는 거의 모든 것이 미술관이라고 해도 과언이

샤갈, 1958년, 〈푸른 풍경의 커플(Couple in the blue landscape)〉. 생폴 드 방스가 배경인 작품이다

생폴 드 방스는 예술이다.

생폴 드 방스는 미술관 마을이다.

아니다.

이곳에 발을 내딛는 순간 보이는 것은 발밑의 오래된 자갈길에 있는 해바라기 문양이다. 이 문양은 마을 어디에나 있다. 동네 주민들이 정말 공을 들여 조성하고 가꾼 길임을 금방 알 수 있다.

샤갈이 살았고, 샤갈 무덤이 있어서 유명하지만, 사실 이곳을 살았거나 이곳에서 사망한 예술인이나 유명인은 이루 헤아릴 수 없이 많다. 사실 이곳은 1960년대에 배우인 이브 몽탕과 시몬 시뇨레Simone Signoret 부부, 리노 벤투라 Lino Ventura 그리고 시인 자크 프레베르가 살았거나 자주 찾았다. 많은 이방인들이 찾아오기 전에 프랑스 유명인들이 먼저 사랑한 동네였다.

더 최근에 와선 화가 자크 피에라 라베라Jacque Pierre Laverat와 그웬 라베라 Gwen Raverat 부부, 배우 베르나르 앙리 레비Bernard-Henri Lévy와 아리엘 돔바슬 Arielle Dombasle 부부 등이 거주했다.

샤갈 무덤

또한 미국 작가 제임스 볼드윈James Baldwin도 1987년 이곳에서 사망하기 전까지 17년 동안 살았다.

이들이 이곳에 남긴 수많은 이야기들은 앞으로 이 시리즈의 다른 책에서 다루어질 것이므로, 여기에서는 생략하도록 하겠다.

샤갈은 "우리 인생에서 삶과 예술에 진정한 의미를 주는 단 하나의 색은 바로 사랑의 색이다. 삶이 언젠가 끝

파리 오페라 하우스
천정화 작업

나는 것이라면, 삶을 사랑과 희망의 색으로 칠해야 한다"고 말했다.

그가 이러한 사랑과 희망의 색을 진정 느끼는 곳이 프로방스였다. 샤갈은 프로방스의 빛깔과 색깔을 '뤼미에르-리베르테lumière-liberté', 즉 '자유의 빛'이라고 불렀고, 이를 통해 영감을 얻었다. 그는 비텝스크에서보다 훨씬 더 자유로운 영혼으로 프로방스의 창공을 날아다녔다.

사랑과 희망의 빛, '뤼미에르 리베르테'

코로나 19 팬데믹으로 전 세계에서 엄청난 확진자가 쏟아지면서 이로 인한 도시 봉쇄가 거듭 반복되고 있는 와중에 이 책을 마감하게 돼 마음이 엄청 무겁다. 솔직히 언제나 지금의 족쇄가 풀릴 수 있을지 갑갑하기만 하다. 그래도 우리 마음은 샤갈 그림 속 인물들처럼 하늘을 자유롭게 훨훨 날아 다닌다. 샤갈은 1964년 이렇게 말했다.

"10년 전에 앙드레 말로가 내게 파리 오페라하우스의 새 천장화를 그려달라고 제안했다. 나는 고민에 빠졌고, 감동했다. 나는 나 자신에 대해 의심을 품었다. 밤이나 낮이나 나는 오페라하우스에 대해 생각했다. 나는 건축가 가르니에의 천재성에 깊은 감명을 받았다. 나는 윗부분에서 배우와 음악가들의 창작 활동을 아름다운 꿈속의 거울에 비친

생폴 드 방스의 거리 풍경

것처럼 묘사하고 싶었고, 아랫부분에서는 관객들의 의상이 일렁이는 것을 표현하고 싶었다. 이론이나 방법 같은 것에 구애받지 않고 자유롭게 노래하고 싶었다. 오페라와 발레 음악의 위대한 작곡가들에게 경의를 표하고 싶었다. 나는 정성을 다해 작업에 임했다. 프랑스가 아니었다면 색채도 자유도 없었을 것이다."

사랑과 희망의 빛, '뤼미에르 리베르테'를 추구하는 분들에게 이 책이 위안이 되길 기원한다. 그리하여 프랑스, 아니 프로방스에서 꼭 평생을 간직할 영혼의 색채를 찾기를……

2021년 9월 호일암(好日庵)에서
조용준

프로방스에서 죽다 ①

마티스, 피카소, 사갈 편

초판 1쇄 인쇄 2021년 9월 7일
초판 1쇄 발행 2021년 10월 7일

글 조용준

발행인 최명희
발행처 (주)퍼시픽 도도

회장 이웅현
기획편집 홍진희
디자인 김진희
홍보·마케팅 강보람
제작 퍼시픽 북스

출판등록 제 2004-000040호
주소 서울 중구 충무로 29 아시아미디어타워 503호
전자우편 dodo7788@hanmail.net
내용 및 판매문의 02-739-7656~7

ISBN 979-111-91455-31-1(00920)
정가 18,000원

이 도서는 한국출판문화산업진흥원의 '2021년출판콘텐츠창작지원사업'의 일환으로
국민체육진흥기금을 지원받아 제작되었습니다.